Über dieses Buch

Gegen Ende seines Lebens, aus der Weisheit des erfahrenen Gelehrten und mit der Souveränität des Pioniers einer neuen Wissenschaft, verfaßte Sigmund Freud den ›Abriß der Psychoanalyse‹ als eine knappe und elementare Darstellung seiner epochemachenden Lehre. Es folgt die berühmte Darstellung aus dem Jahre 1930, ›Das Unbehagen in der Kultur‹, die den weiten Horizont und den humanen Impuls von Freuds oft mißverstandenen Bemühungen zeigt. »In seinem Lebenswerk«, sagt Thomas Mann im Nachwort, »wird man einmal einen der wichtigsten Bausteine erkennen, die beigetragen worden sind zu einer heute auf vielfache Weise sich bildenden neuen Anthropologie und damit zum Fundament der Zukunft, dem Hause einer klügeren und freieren Menschheit.«

Über den Autor

Sigmund Freud, am 6. Mai 1856 in Freiberg (Mähren) geboren; er widmete sich nach dem Medizinstudium der Erforschung seelisch bedingter Erkrankungen, zuerst besonders der Hysterien. Im Verlaufe seiner Studien entwickelte er das Verfahren der Psychoanalyse. Über das praktische Ziel der Therapie von Neurosen hinaus führten die Erkenntnisse der analytischen Methode zu einer entscheidend vertieften Psychologie. Zur Diskussion der kulturellen und gesellschaftlichen Fragen unserer Zeit hat Freud in seinen Arbeiten überraschende Gesichtspunkte beigetragen. Freud, seit 1902 Titular-Professor in Wien, wurde nie auf einen Lehrstuhl an eine Universität berufen; er erhielt 1930 den Goethepreis. Im Jahre 1938 emigrierte er nach London, wo er 1939 starb.

Von Sigmund Freud erschienen folgende Taschenbücher: ›Studien über Hysterie‹ (Zusammen mit Josef Breuer) (Bd. 6001); ›Darstellungen der Psychoanalyse‹ (Bd. 6016); ›Drei Abhandlungen zur Sexualtheorie und verwandte Schriften‹ (Bd. 6044); ›Totem und Tabu‹ (Bd. 6053); ›Massenpsychologie und Ich-Analyse‹ (Bd. 6054); ›Über Träume und Traumdeutung‹ (Bd. 6073); ›Zur Psychopathologie des Alltagslebens‹ (Bd. 6079); ›Der Witz und seine Beziehungen zum Unbewußten‹ (Bd. 6083); ›»Selbstdarstellung«. Schriften zur Geschichte der Psychoanalyse‹ (Bd. 6096); ›Der Wahn und die Träume in W. Jensens »Gradiva« mit dem Text der Erzählung von Wilhelm Jensen‹ (Bd. 6172); ›Der Mann Moses und die monotheistische Religion‹ (Bd. 6300); ›Die Traumdeutung‹ (Bd. 6344); ›Vorlesungen zur Einführung in die Psychoanalyse‹ (Bd. 6348); ›Neue Folge der Vorlesungen zur Einführung in die Psychoanalyse‹ (Bd. 6390); ›Das Ich und das Es und andere metapsychologische Schriften‹ (Bd. 6394); ›Analyse der Phobie eines fünfjährigen Knaben‹ (Bd. 6715); ›Beiträge zur Psychologie des Liebeslebens‹ (Bd. 6732); ›Bruchstück einer Hysterie-Analyse‹ (Bd. 6736). Eine Einführung in die Terminologie und Theoriebildung von Freud bietet Humberto Nagera (Hg.), ›Psychoanalytische Grundbegriffe‹ (Bd. 6331).

SIGM. FREUD

ABRISS DER PSYCHOANALYSE
DAS UNBEHAGEN IN DER KULTUR

Mit einer Rede von
THOMAS MANN
als Nachwort

FISCHER TASCHENBUCH VERLAG

Fischer Taschenbuch Verlag
591.–610. Tausend   Juli 1977
611.–625. Tausend   Februar 1979
626.–640. Tausend   Dezember 1979
641.–655. Tausend   Dezember 1980
656.–67c. Tausend   Dezember 1981

Umschlagentwurf: Jan Buchholz/Reni Hinsch
Fischer Taschenbuch Verlag GmbH, Frankfurt am Main
Lizenzausgabe mit freundlicher Genehmigung des
S. Fischer Verlages GmbH, Frankfurt am Main
© für diese Zusammenstellung: Fischer Taschenbuch Verlag, Frankfurt/M., 1972
© Imago Publishing Co., Ltd., London 1948, 1941
Gesamtherstellung: Hanseatische Druckanstalt GmbH, Hamburg
Printed in Germany
580-ISBN-3-596-26043-4

INHALT

ABRISS DER PSYCHOANALYSE
7

Erster Teil: Die Natur des Psychischen 9
Erstes Kapitel: Der psychische Apparat 9
Zweites Kapitel: Trieblehre 11
Drittes Kapitel: Die Entwicklung der Sexualfunktion .. 14
Viertes Kapitel: Psychische Qualitäten 18
Fünftes Kapitel: Erläuterung an der Traumdeutung .. 24

Zweiter Teil: Die praktische Aufgabe 31
Sechstes Kapitel: Die psychoanalytische Technik 31
Siebentes Kapitel: Eine Probe psychoanalytischer Arbeit 40

Dritter Teil: Der theoretische Gewinn 51
Achtes Kapitel: Der psychische Apparat und die
Außenwelt 51
Neuntes Kapitel: Die Innenwelt 59

DAS UNBEHAGEN IN DER KULTUR
63

Thomas Mann
FREUD UND DIE ZUKUNFT
131

ABRISS DER PSYCHOANALYSE

Der »Abriß der Psychoanalyse« ist im Juli 1938 begonnen worden und ist unfertig geblieben. Die Arbeit bricht im III. Teil ab ohne Hinweis darauf, wie weit oder in welcher Richtung ihre Fortsetzung beabsichtigt war. Das 3. Kapitel ist im Gegensatz zum übrigen Manuskript schlagwortartig mit Gebrauch vieler Abkürzungen niedergeschrieben. Es ist hier zu Sätzen ergänzt worden. Der Titel des I. Teils ist einer späteren Fassung (Oktober 1938) entnommen.

ERSTER TEIL

DIE NATUR DES PSYCHISCHEN

Erstes Kapitel

DER PSYCHISCHE APPARAT

Die Psychoanalyse macht eine Grundvoraussetzung, deren Diskussion philosophischem Denken vorbehalten bleibt, deren Rechtfertigung in ihren Resultaten liegt. Von dem, was wir unsere Psyche (Seelenleben) nennen, ist uns zweierlei bekannt, erstens das körperliche Organ und Schauplatz desselben, das Gehirn (Nervensystem), anderseits unsere Bewußtseinsakte, die unmittelbar gegeben sind und uns durch keinerlei Beschreibung näher gebracht werden können. Alles dazwischen ist uns unbekannt, eine direkte Beziehung zwischen beiden Endpunkten unseres Wissens ist nicht gegeben. Wenn sie bestünde, würde sie höchstens eine genaue Lokalisation der Bewußtseinsvorgänge liefern und für deren Verständnis nichts leisten.

Unsere beiden Annahmen setzen an diesen Enden oder Anfängen unseres Wissens an. Die erste betrifft die Lokalisation. Wir nehmen an, daß das Seelenleben die Funktion eines Apparates ist, dem wir räumliche Ausdehnung und Zusammensetzung aus mehreren Stücken zuschreiben, den wir uns also ähnlich vorstellen wie ein Fernrohr, ein Mikroskop u. dgl. Der konsequente Ausbau einer solchen Vorstellung ist ungeachtet gewisser bereits versuchter Annäherung eine wissenschaftliche Neuheit.

Zur Kenntnis dieses psychischen Apparates sind wir durch das Studium der individuellen Entwicklung des menschlichen Wesens gekommen. Die älteste dieser psychischen Provinzen oder Instanzen nennen wir das *Es;* sein Inhalt ist alles, was ererbt, bei Geburt mitgebracht, konstitutionell festgelegt ist, vor allem also die aus der Körperorganisation stammenden Triebe, die hier einen ersten uns in seinen Formen unbekannten psychischen Ausdruck finden[1].

Unter dem Einfluß der uns umgebenden realen Außenwelt hat ein Teil des Es eine besondere Entwicklung erfahren. Ursprünglich als Rindenschicht mit den Organen zur Reizauf-

---

1 Dieser älteste Teil des psychischen Apparates bleibt durchs ganze Leben der wichtigste. An ihm hat auch die Forschungsarbeit der Psychoanalyse eingesetzt.

nahme und den Einrichtungen zum Reizschutz ausgestattet, hat sich eine besondere Organisation hergestellt, die von nun an zwischen Es und Außenwelt vermittelt. Diesem Bezirk unseres Seelenlebens lassen wir den Namen des *Ichs*.

Die hauptsächlichen Charaktere des Ich. Infolge der vorgebildeten Beziehung zwischen Sinneswahrnehmung und Muskelaktion hat das Ich die Verfügung über die willkürlichen Bewegungen. Es hat die Aufgabe der Selbstbehauptung, erfüllt sie, indem es nach außen die Reize kennenlernt, Erfahrungen über sie aufspeichert (im Gedächtnis), überstarke Reize vermeidet (durch Flucht), mäßigen Reizen begegnet (durch Anpassung) und endlich lernt, die Außenwelt in zweckmäßiger Weise zu seinem Vorteil zu verändern (Aktivität); nach innen gegen das Es, indem es die Herrschaft über die Triebansprüche gewinnt, entscheidet, ob sie zur Befriedigung zugelassen werden sollen, diese Befriedigung auf die in der Außenwelt günstigen Zeiten und Umstände verschiebt oder ihre Erregungen überhaupt unterdrückt. In seiner Tätigkeit wird es durch die Beachtungen der in ihm vorhandenen oder in dasselbe eingetragenen Reizspannungen geleitet. Deren Erhöhung wird allgemein als *Unlust*, deren Herabsetzung als *Lust* empfunden. Wahrscheinlich sind es aber nicht die absoluten Höhen dieser Reizspannung, sondern etwas im Rhythmus ihrer Veränderung, was als Lust und Unlust empfunden wird. Das Ich strebt nach Lust, will der Unlust ausweichen. Eine erwartete, vorausgesehene Unluststeigerung wird mit dem *Angstsignal* beantwortet, ihr Anlaß, ob er von außen oder innen droht, heißt eine *Gefahr*. Von Zeit zu Zeit löst das Ich seine Verbindung mit der Außenwelt und zieht sich in den Schlafzustand zurück, in dem es seine Organisation weitgehend verändert. Aus dem Schlafzustand ist zu schließen, daß diese Organisation in einer besonderen Verteilung der seelischen Energie besteht.

Als Niederschlag der langen Kindheitsperiode, während der der werdende Mensch in Abhängigkeit von seinen Eltern lebt, bildet sich in seinem Ich eine besondere Instanz heraus, in der sich dieser elterliche Einfluß fortsetzt. Sie hat den Namen des *Über-Ichs* erhalten. Insoweit dieses Über-Ich sich vom Ich sondert und sich ihm entgegenstellt, ist es eine dritte Macht, der das Ich Rechnung tragen muß.

Eine Handlung des Ichs ist dann korrekt, wenn sie gleichzeitig den Anforderungen des Es, des Über-Ichs und der Realität genügt, also deren Ansprüche miteinander zu versöhnen weiß. Die Einzelheiten der Beziehung zwischen Ich und Über-Ich werden durchwegs aus der Zurückführung auf das Verhältnis des Kindes zu seinen Eltern verständlich. Im Elterneinfluß wirkt natürlich nicht nur das persönliche Wesen der Eltern, sondern auch der durch sie fortgepflanzte Einfluß von Familien-, Rassen- und Volkstradition sowie die von ihnen vertretenen Anforderungen des jeweiligen sozialen Milieus. Ebenso nimmt das Über-Ich im Laufe der individuellen Entwicklung Beiträge von seiten späterer Fortsetzer und Ersatzpersonen der Eltern auf, wie Erzieher, öffentlicher Vorbilder, in der Gesellschaft verehrter Ideale. Man sieht, daß Es und Über-Ich bei all ihrer fundamentalen Verschiedenheit die eine Übereinstimmung zeigen, daß sie die Einflüsse der Vergangenheit repräsentieren, das Es den der ererbten, das Über-Ich im wesentlichen den der von anderen übernommenen, während das Ich hauptsächlich durch das selbst Erlebte, also Akzidentelle und Aktuelle bestimmt wird.

Dies allgemeine Schema eines psychischen Apparates wird man auch für die höheren, dem Menschen seelisch ähnlichen Tiere gelten lassen. Ein Über-Ich ist überall dort anzunehmen, wo es wie beim Menschen eine längere Zeit kindlicher Abhängigkeit gegeben hat. Eine Scheidung von Ich und Es ist unvermeidlich anzunehmen.

Die Tierpsychologie hat die interessante Aufgabe, die sich hier ergibt, noch nicht in Angriff genommen.

Zweites Kapitel

TRIEBLEHRE

Die Macht des Es drückt die eigentliche Lebensabsicht des Einzelwesens aus. Sie besteht darin, seine mitgebrachten Bedürfnisse zu befriedigen. Eine Absicht, sich am Leben zu erhalten und sich durch die Angst vor Gefahren zu schützen, kann dem Es nicht zugeschrieben werden. Dies ist die Aufgabe des Ichs, das auch die günstigste und gefahrloseste Art der Befriedigung mit Rücksicht auf die Außenwelt herauszufinden hat. Das Über-Ich mag neue Bedürfnisse geltend machen, seine Hauptleistung bleibt aber die Einschränkung der Befriedigungen.

Die Kräfte, die wir hinter den Bedürfnisspannungen des Es annehmen, heißen wir *Triebe.* Sie repräsentieren die körperlichen Anforderungen an das Seelenleben. Obwohl letzte Ursache jeder Aktivität, sind sie konservativer Natur; aus jedem Zustand, den ein Wesen erreicht hat, geht ein Bestreben hervor, diesen Zustand wiederherzustellen, sobald er verlassen worden ist. Man kann also eine unbestimmte Anzahl von Trieben unterscheiden, tut es auch in der gewöhnlichen Übung. Für uns ist die Möglichkeit bedeutsam, ob man nicht all diese vielfachen Triebe auf einige wenige Grundtriebe zurückführen könne.

Wir haben erfahren, daß die Triebe ihr Ziel verändern können (durch Verschiebung), auch daß sie einander ersetzen können, indem die Energie des einen Triebs auf einen anderen übergeht. Der letztere Vorgang ist noch wenig gut verstanden. Nach langem Zögern und Schwanken haben wir uns entschlossen, nur zwei Grundtriebe anzunehmen, den *Eros* und den *Destruktionstrieb*. (Der Gegensatz von Selbsterhaltungs- und Arterhaltungstrieb sowie der andere von Ichliebe und Objektliebe fällt noch innerhalb des Eros.) Das Ziel des ersten ist, immer größere Einheiten herzustellen und so zu erhalten, also Bindung, das Ziel des anderen im Gegenteil, Zusammenhänge aufzulösen und so die Dinge zu zerstören. Beim Destruktionstrieb können wir daran denken, daß als sein letztes Ziel erscheint, das Lebende in den anorganischen Zustand zu überführen. Wir heißen ihn darum auch *Todestrieb*. Wenn wir annehmen, daß das Leben später als das Leblose gekommen und aus ihm entstanden ist, so fügt sich der Todestrieb der erwähnten Formel, daß ein Trieb die Rückkehr zu einem früheren Zustand anstrebt. Für den Eros (oder Liebestrieb) können wir eine solche Anwendung nicht durchführen. Es würde voraussetzen, daß die lebende Substanz einmal eine Einheit war, die dann zerrissen wurde und die nun die Wiedervereinigung anstrebt[1].

In den biologischen Funktionen wirken die beiden Grundtriebe gegeneinander oder kombinieren sich miteinander. So ist der Akt des Essens eine Zerstörung des Objekts mit dem Endziel der Einverleibung, der Sexualakt eine Aggression mit der Absicht der innigsten Vereinigung. Dieses Mit- und Gegeneinanderwirken der beiden Grundtriebe ergibt die ganze Buntheit der Lebenserscheinungen. Über den Bereich des Lebenden hinaus führt die Analogie unserer beiden Grundtriebe zu dem im Anorganischen herrschenden Gegensatzpaar von Anziehung und Abstoßung[2].

Veränderungen im Mischungsverhältnis der Triebe haben die greifbarsten Folgen. Ein stärkerer Zusatz zur sexuellen Aggression führt vom Liebhaber zum Lustmörder, eine starke Herabsetzung des aggressiven Faktors macht ihn scheu oder impotent.

Es kann keine Rede davon sein, den einen oder anderen der Grundtriebe auf eine der seelischen Provinzen einzuschränken. Sie müssen überall anzutreffen sein. Einen Anfangszustand stellen wir uns in der Art vor, daß die gesamte verfügbare Energie des Eros, die wir von nun ab *Libido* heißen werden, im noch undifferenzierten Ich-Es vorhanden ist und dazu

1 Dichter haben Ähnliches phantasiert, aus der Geschichte der lebenden Substanz ist uns nichts Entsprechendes bekannt.
2 Die Darstellung der Grundkräfte oder Triebe, gegen die sich die Analytiker noch vielfach sträuben, war bereits dem Philosophen *Empedokles von Akragas* vertraut.

dient, die gleichzeitig vorhandenen Destruktionsneigungen zu neutralisieren. (Für die Energie des Destruktionstriebes fehlt uns ein der Libido analoger Terminus.) Späterhin wird es uns verhältnismäßig leicht, die Schicksale der Libido zu verfolgen, beim Destruktionstrieb ist es schwerer.

Solange dieser Trieb als Todestrieb im Inneren wirkt, bleibt er stumm, er stellt sich uns erst, wenn er als Destruktionstrieb nach außen gewendet wird. Daß dies geschehe, scheint eine Notwendigkeit für die Erhaltung des Individuums. Das Muskelsystem dient dieser Ableitung. Mit der Einsetzung des Über-Ichs werden ansehnliche Beträge des Aggressionstriebes im Innern des Ichs fixiert und wirken dort selbstzerstörend. Es ist eine der hygienischen Gefahren, die der Mensch auf seinem Weg zur Kulturentwicklung auf sich nimmt. Zurückhaltung von Aggression ist überhaupt ungesund, wirkt krankmachend (Kränkung). Den Übergang von verhinderter Aggression in Selbstzerstörung durch Wendung der Aggression gegen die eigene Person demonstriert oft eine Person im Wutanfall, wenn sie sich die Haare rauft, mit den Fäusten ihr Gesicht bearbeitet, wobei sie offenbar diese Behandlung lieber einem anderen zugedacht hätte. Ein Anteil von Selbstzerstörung verbleibt unter allen Umständen im Inneren, bis es ihm endlich gelingt, das Individuum zu töten, vielleicht erst, wenn dessen Libido aufgebraucht oder unvorteilhaft fixiert ist. So kann man allgemein vermuten, das Individuum stirbt an seinen inneren Konflikten, die Art hingegen an ihrem erfolglosen Kampf gegen die Außenwelt, wenn diese sich in einer Weise geändert hat, für die die von der Art erworbenen Anpassungen nicht zureichen.

Es ist schwer, etwas über das Verhalten der Libido im Es und im Über-Ich auszusagen. Alles, was wir darüber wissen, bezieht sich auf das Ich, in dem anfänglich der ganze verfügbare Betrag von Libido aufgespeichert ist. Wir nennen diesen Zustand den absoluten primären *Narzißmus*. Er hält solange an, bis das Ich beginnt, die Vorstellungen von Objekten mit Libido zu besetzen, narzißtische Libido in *Objektlibido* umzusetzen. Über das ganze Leben bleibt das Ich das große Reservoir, aus dem Libidobesetzungen an Objekte ausgeschickt und in das sie auch wieder zurückgezogen werden, wie ein Protoplasmakörper mit seinen Pseudopodien verfährt. Nur im Zustand einer vollen Verliebtheit wird der Hauptbetrag der Libido auf das Objekt übertragen, setzt sich das Objekt gewissermaßen an die Stelle des Ichs. Ein im Leben wichtiger Charakter ist die *Beweglichkeit* der Libido, die Leichtigkeit, mit der sie von einem Objekt auf andere Objekte übergeht. Im Gegensatz hierzu steht die *Fixierung* der Libido an bestimmte Objekte, die oft durchs Leben anhält.

Es ist unverkennbar, daß die Libido somatische Quellen hat, daß sie von verschiedenen Organen und Körperstellen her dem Ich zuströmt. Man sieht das am deutlichsten an jenem Anteil der Libido, der nach seinem Triebziel als Sexualerregung bezeichnet wird. Die hervorragendsten der Körperstellen, von denen diese Libido ausgeht, zeichnet man durch den Namen *erogene Zonen* aus, aber eigentlich ist der ganze Körper eine solche erogene Zone. Das Beste, was wir vom Eros, also von seinem Exponenten, der Libido, wissen, ist durch das Studium der Sexualfunktion gewonnen worden, die sich ja in der landläufigen Auffassung, wenn auch nicht in unserer Theorie, mit dem Eros deckt. Wir konnten uns ein Bild davon machen, wie das Sexualstreben, das dazu bestimmt ist, unser Leben entscheidend zu beeinflussen, sich allmählich entwickelt aus den aufeinanderfolgenden Beiträgen von mehreren Partialtrieben, die bestimmte erogene Zonen vertreten.

Drittes Kapitel

DIE ENTWICKLUNG DER SEXUALFUNKTION

Der landläufigen Auffassung nach besteht das menschliche Sexualleben im wesentlichen aus dem Bestreben, die eigenen Genitalien mit denen einer Person des anderen Geschlechts in Kontakt zu bringen. Küssen, Beschauen und Betasten dieses fremden Körpers treten dabei als Begleiterscheinungen und einleitende Handlungen auf. Dieses Bestreben sollte mit der Pubertät, also im Alter der Geschlechtsreife auftreten und der Fortpflanzung dienen. Allerdings waren immer gewisse Tatsachen bekannt, die nicht in den engen Rahmen dieser Auffassung passen. 1) Es ist merkwürdig, daß es Personen gibt, für die nur Individuen des eigenen Geschlechts und deren Genitalien Anziehung besitzen. 2) Es ist ebenso merkwürdig, daß es Personen gibt, deren Gelüste sich ganz wie sexuelle gebärden, aber dabei von den Geschlechtsteilen oder deren normaler Verwendung ganz absehen; man heißt solche Menschen Perverse. 3) Und es ist schließlich auffällig, daß manche deshalb für degeneriert gehaltene Kinder sehr frühzeitig Interesse für ihre Genitalien und Zeichen von Erregung derselben zeigen.

Es ist begreiflich, daß die Psychoanalyse Aufsehen und Widerspruch hervorrief, als sie, zum Teil anknüpfend an diese drei geringgeschätzten Tatsachen, allen populären Ansichten über die Sexualität widersprach. Ihre Hauptergebnisse sind folgende:

a) Das Sexualleben beginnt nicht erst mit der Pubertät, sondern setzt bald nach der Geburt mit deutlichen Äußerungen ein.

b) Es ist notwendig, zwischen den Begriffen sexuell und genital scharf zu unterscheiden. Der erstere ist der weitere Begriff und umfaßt viele Tätigkeiten, die mit den Genitalien nichts zu tun haben.

c) Das Sexualleben umfaßt die Funktion der Lustgewinnung aus Körperzonen, die nachträglich in den Dienst der Fortpflanzung gestellt wird. Beide Funktionen kommen oft nicht ganz zur Deckung.

Das Hauptinteresse richtet sich natürlich auf die erste Behauptung, die unerwartetste von allen. Es hat sich gezeigt, daß es im frühen Kindesalter Anzeichen von körperlicher Tätigkeit gibt, denen nur ein altes Vorurteil den Namen sexuell verweigern konnte und die mit psychischen Phänomenen verbunden sind, die wir später im erwachsenen Liebesleben finden, wie etwa die Fixierung an bestimmte Objekte, Eifersucht usw. Es zeigt sich aber darüber hinaus, daß diese in der frühen Kindheit auftauchenden Phänomene einer gesetzmäßigen Entwicklung angehören, eine regelmäßige Steigerung durchmachen, etwa gegen Ende des fünften Lebensjahres einen Höhepunkt erreichen, dem dann eine Ruhepause folgt. Während dieser steht der Fortschritt stille, vieles wird verlernt und wieder rückgebildet. Nach Ablauf dieser sogenannten Latenzzeit setzt sich mit der Pubertät das Sexualleben fort, wir könnten sagen, es blüht wieder auf. Wir stoßen hier auf die Tatsache eines *zweizeitigen Ansatzes* des Sexuallebens, die außer beim Menschen nicht bekannt und offenbar sehr wichtig für die Menschwerdung ist[1]. Es ist nicht gleichgültig, daß die Ereignisse dieser Frühzeit der Sexualität der *infantilen Amnesie* bis auf Reste zum Opfer fallen. Unsere Anschauungen über die Ätiologie der Neurosen und unsere Technik der analytischen Therapie knüpft an diese Auffassungen an. Die Verfolgung der Entwicklungsvorgänge dieser Frühzeit hat auch Beweise für andere Behauptungen geliefert.

Das erste Organ, das als erogene Zone auftritt und einen libidinösen Anspruch an die Seele stellt, ist von Geburt an der Mund. Alle psychische Tätigkeit ist zunächst darauf eingestellt, dem Bedürfnis dieser Zone Befriedigung zu schaffen. Diese dient natürlich in erster Linie der Selbsterhaltung durch Ernährung, aber man darf Physiologie nicht mit Psychologie ver-

---

1 S. die Vermutung, daß der Mensch von einem Säugetier abstammt, das mit fünf Jahren geschlechtsreif wurde. Irgendein großer äußerer Einfluß auf die Art hat dann die gradlinige Entwicklung der Sexualität gestört. Damit könnten andere Umwandlungen des Sexuallebens beim Menschen im Vergleich zum Tier zusammenhängen, etwa die Aufhebung der Periodizität der Libido und die Verwendung der Rolle der Menstruation in der Beziehung der Geschlechter.

wechseln. Frühzeitig zeigt sich im hartnäckig festgehaltenen Lutschen des Kindes ein Befriedigungsbedürfnis, das — obwohl von der Nahrungsaufnahme ausgehend und von ihr angeregt — doch unabhängig von Ernährung nach Lustgewinn strebt und darum *sexuell* genannt werden darf und soll.

Schon während dieser oralen Phase treten mit Erscheinen der Zähne sadistische Impulse isoliert auf. In viel größerem Umfang in der zweiten Phase, die wir die sadistisch-anale heißen, weil hier die Befriedigung in der Aggression und in der Funktion der Exkretion gesucht wird. Wir begründen das Recht, die aggressiven Strebungen unter der Libido anzuführen, auf die Auffassung, daß der Sadismus eine Triebmischung von rein libidinösen mit rein destruktiven Strebungen ist, eine Mischung, die von da an nicht aufhören wird[1].

Die dritte ist die sogenannte phallische Phase, die, gleichsam als Vorläufer, der Endgestaltung des Sexuallebens bereits recht ähnlich ist. Es ist bemerkenswert, daß nicht die Genitalien beider Geschlechter hier eine Rolle spielen, sondern nur das männliche (Phallus). Das weibliche Genitale bleibt lange unbekannt, das Kind huldigt in seinem Versuch, die sexuellen Vorgänge zu verstehen, der ehrwürdigen Cloakentheorie, die genetisch ihre Berechtigung hat[2].

Mit und in der phallischen Phase erreicht die frühkindliche Sexualität ihre Höhe und nähert sich dem Untergang. Knabe und Mädchen haben von jetzt an gesonderte Schicksale. Beide haben begonnen, ihre intellektuelle Tätigkeit in den Dienst der Sexualforschung zu stellen, beide gehen von der Voraussetzung des Allgemeinvorkommens des Penis aus. Aber jetzt scheiden sich die Wege der Geschlechter. Der Knabe tritt in die Ödipusphase ein, er beginnt die manuelle Betätigung am Penis mit gleichzeitigen Phantasien von irgendeiner sexuellen Betätigung desselben an der Mutter, bis er durch Zusammenwirkung einer Kastrationsdrohung und des Anblicks der weiblichen Penislosigkeit das größte Trauma seines Lebens erfährt, das die Latenzzeit mit allen ihren Folgen einleitet. Das Mädchen erlebt nach vergeblichem Versuch, es dem Knaben gleichzutun, die Erkenntnis ihres Penismangels oder besser ihrer Klitorisminderwertigkeit mit dauernden Folgen für die Charakterentwicklung; infolge dieser ersten Enttäuschung in der Rivalität häufig mit erster Abwendung vom Sexualleben überhaupt.

---

1 Es entsteht die Frage, ob die Befriedigung rein destruktiver Triebregungen als Lust verspürt werden kann, ob reine Destruktion ohne libidinösen Zusatz vorkommt. Befriedigung des im Ich verbliebenen Todestriebs scheint Lustempfindungen nicht zu ergeben, obwohl der Masochismus eine ganz analoge Mischung wie der Sadismus darstellt.
2 Frühzeitige Vaginalerregungen werden vielfach behauptet, sehr wahrscheinlich handelt es sich aber um Erregungen an der Klitoris, also einem dem Penis ana-

Es wäre mißverständlich, zu glauben, daß diese drei Phasen einander glatt ablösen; die eine kommt zur anderen hinzu, sie überlagern einander, bestehen nebeneinander. In den frühen Phasen gehen die einzelnen Partialtriebe unabhängig voneinander auf Lusterwerb aus, in der phallischen Phase beginnen die Anfänge einer Organisation, die die anderen Strebungen dem Primat der Genitalien unterordnet und den Beginn der Einordnung des allgemeinen Luststrebens in die Sexualfunktion bedeutet. Die volle Organisation wird erst durch die Pubertät in einer vierten, genitalen, Phase erreicht. Dann hat sich ein Zustand hergestellt, in dem 1. manche früheren Libidobesetzungen erhalten geblieben sind, 2. andere in die Sexualfunktion aufgenommen werden als vorbereitende, unterstützende Akte, deren Befriedigung die sogenannte Vorlust ergibt, 3. andere Strebungen von der Organisation ausgeschlossen werden, entweder überhaupt unterdrückt (verdrängt) werden oder eine andere Verwendung im Ich erfahren, Charakterzüge bilden, Sublimierungen mit Zielverschiebungen erleiden.

Dieser Prozeß vollzieht sich nicht immer tadellos. Die Hemmungen in seiner Entwicklung geben sich als die mannigfachen Störungen des Sexuallebens kund. Es sind dann Fixierungen der Libido an Zustände früherer Phasen vorhanden, deren vom normalen Sexualziel unabhängige Strebung als *Perversion* bezeichnet wird. Eine solche Entwicklungshemmung ist z. B. die Homosexualität, wenn sie manifest ist. Die Analyse weist nach, daß eine homosexuelle Objektbindung in allen Fällen vorhanden war und in den meisten auch *latent* erhalten geblieben ist. Die Verhältnisse werden dadurch kompliziert, daß in der Regel die zur Herstellung des normalen Ausgangs erforderten Vorgänge sich nicht etwa vollziehen oder ausbleiben, sondern daß sie sich *partiell* vollziehen, so daß die Endgestaltung von diesen *quantitativen* Relationen abhängig bleibt. Die genitale Organisation ist dann zwar erreicht, aber geschwächt um die Anteile der Libido, die sie nicht mitgemacht haben und an prägenitale Objekte und Ziele fixiert geblieben sind. Diese Schwächung zeigt sich in der Neigung der Libido, im Falle von genitaler Nichtbefriedigung oder realer Schwierigkeiten in die früheren prägenitalen Besetzungen zurückzukehren *(Regression).*

Während des Studiums der Sexualfunktionen konnten wir eine erste, vorläufige Überzeugung, richtiger gesagt eine Ahnung von zwei Einsichten erwerben, die sich später durch das ganze Gebiet als wichtig erweisen werden. Erstens, daß die normalen und abnormen Erscheinungen, die wir beobachten, d. h. die Phänomenologie, eine Beschreibung vom Gesichtspunkt der

---

logen Organ, was die Berechtigung, die Phase die phallische zu nennen, nicht aufhebt.

Dynamik und Ökonomik (in unserem Falle der quantitativen Verteilung der Libido) erfordern; und zweitens, daß die Ätiologie der Störungen, die wir studieren, in der Entwicklungsgeschichte, also in der Frühzeit des Individuums zu finden ist.

Viertes Kapitel

PSYCHISCHE QUALITÄTEN

Wir haben den Bau des psychischen Apparats beschrieben, die Energien oder Kräfte, die in ihm tätig sind, und an einem hervorragenden Beispiel verfolgt, wie sich diese Energien, hauptsächlich die Libido, zu einer physiologischen Funktion, die der Arterhaltung dient, organisieren. Es war nichts dabei, was den ganz eigenartigen Charakter des Psychischen vertrat, abgesehen natürlich von der empirischen Tatsache, daß dieser Apparat und diese Energien den Funktionen zugrunde liegen, die wir unser Seelenleben heißen. Wir wenden uns zu dem, was für dieses Psychische einzig charakteristisch ist, ja sich nach sehr verbreiteter Meinung mit ihm zum Ausschluß von anderem deckt.

Den Ausgang für diese Untersuchung gibt die unvergleichliche, jeder Erklärung und Beschreibung trotzende Tatsache des Bewußtseins. Spricht man von Bewußtsein, so weiß man trotzdem unmittelbar aus eigenster Erfahrung, was damit gemeint ist[1]. Vielen innerhalb wie außerhalb der Wissenschaft genügt es, anzunehmen, das Bewußtsein sei allein das Psychische, und dann bleibt in der Psychologie nichts anderes zu tun, als innerhalb der psychischen Phänomenologie Wahrnehmungen, Gefühle, Denkvorgänge und Willensakte zu unterscheiden. Diese bewußten Vorgänge bilden aber nach allgemeiner Übereinstimmung keine lückenlosen, in sich abgeschlossenen Reihen, so daß nichts anderes übrigbliebe, als physische oder somatische Begleitvorgänge des Psychischen anzunehmen, denen man eine größere Vollständigkeit als den psychischen Reihen zugestehen muß, da einige von ihnen bewußte Parallelvorgänge haben, andere aber nicht. Es liegt dann natürlich nahe, in der Psychologie den Akzent auf diese somatischen Vorgänge zu legen, in ihnen das eigentlich Psychische anzuerkennen und für die bewußten Vorgänge eine andere Würdigung zu suchen. Dagegen sträuben sich nun die meisten Philosophen sowie viele andere und erklären ein unbewußt Psychisches für einen Widersinn.

Gerade das ist es, was die Psychoanalyse tun muß, und dies ist ihre zweite fundamentale Annahme. Sie erklärt die vorgeb-

---

1 Eine extreme Richtung wie der in Amerika entstandene Behaviourismus glaubt eine Psychologie aufbauen zu können, die von dieser Grundtatsache absieht!

lichen somatischen Begleitvorgänge für das eigentliche Psychische, sieht dabei zunächst von der Qualität des Bewußtseins ab. Sie ist dabei nicht allein. Manche Denker wie z. B. *Th. Lipps* haben dasselbe in den nämlichen Worten geäußert, und das allgemeine Ungenügen an der gebräuchlichen Auffassung des Psychischen hat zur Folge gehabt, daß ein Begriff des Unbewußten immer dringlicher Aufnahme ins psychologische Denken verlangte, obwohl in so unbestimmter und unfaßbarer Weise, daß er keinen Einfluß auf die Wissenschaft gewinnen konnte.

Nun scheint es sich in dieser Differenz zwischen der Psychoanalyse und der Philosophie nur um eine gleichgültige Frage der Definition zu handeln, ob man den Namen des Psychiaters der einen oder anderen Reihe verleihen soll. In Wirklichkeit ist dieser Schritt höchst bedeutungsvoll geworden. Während man in der Bewußtseins-Psychologie nie über jene lückenhaften, offenbar von anderswo abhängigen Reihen hinauskam, hat die andere Auffassung, das Psychische sei an sich unbewußt, gestattet, die Psychologie zu einer Naturwissenschaft wie jede andere auszugestalten. Die Vorgänge, mit denen sie sich beschäftigt, sind an sich ebenso unerkennbar wie die anderer Wissenschaften, der chemischen oder physikalischen; aber es ist möglich, die Gesetze festzustellen, denen sie gehorchen, ihre gegenseitigen Beziehungen und Abhängigkeiten über weite Strecken lückenlos zur verfolgen, also das, was man als Verständnis des betreffenden Gebiets von Naturerscheinungen bezeichnet. Es kann dabei nicht ohne neue Annahmen und die Schöpfung neuer Begriffe abgehen, aber diese sind nicht als Zeugnisse unserer Verlegenheit zu verachten, sondern als Bereicherungen der Wissenschaft einzuschätzen, haben Anspruch auf denselben Annäherungswert wie die entsprechenden intellektuellen Hilfskonstruktionen in anderen Naturwissenschaften, erwarten ihre Abänderungen, Berichtigungen und feinere Bestimmung durch gehäufte und gesiebte Erfahrung. Es entspricht dann auch ganz unserer Erwartung, daß die Grundbegriffe der neuen Wissenschaft, ihre Prinzipien (Trieb, nervöse Energie u. a.) auf längere Zeit so unbestimmt bleiben wie die der älteren Wissenschaften (Kraft, Masse, Anziehung).

Alle Wissenschaften beruhen auf Beobachtungen und Erfahrungen, die unser psychischer Apparat vermittelt. Da aber unsere Wissenschaft diesen Apparat selbst zum Objekt hat, findet hier die Analogie ein Ende. Wir machen unsere Beobachtungen mittels desselben Wahrnehmungsapparats, gerade mit Hilfe der Lücken im Psychischen, indem wir das Ausgelassene durch naheliegende Schlußfolgerungen ergänzen und es in bewußtes Material übersetzen. Wir stellen so gleichsam eine bewußte Ergänzungsreihe zum unbewußten Psychischen her. Auf der Verbindlichkeit dieser Schlüsse ruht die relative Sicherheit unserer psychischen Wissenschaft. Wer sich in diese Arbeit vertieft, wird finden, daß unsere Technik jeder Kritik standhält.

Während dieser Arbeit drängen sich uns die Unterscheidungen auf, die wir als psychische Qualitäten bezeichnen. Was wir bewußt heißen, brauchen wir nicht zu charakterisieren, es ist das Nämliche wie das Bewußtsein der Philosophen und der Volksmeinung. Alles andere Psychische ist für uns das Unbewußte. Bald werden wir dazu geführt, in diesem Unbewußten eine wichtige Scheidung anzunehmen. Manche Vorgänge werden leicht bewußt, sind es dann nicht mehr, können es aber ohne Mühe wieder werden, wie man sagt, können reproduziert oder erinnert werden. Dabei werden wir daran gemahnt, daß das Bewußtsein überhaupt nur ein höchst flüchtiger Zustand ist. Was bewußt ist, ist es nur für einen Moment. Wenn unsere Wahrnehmungen dies nicht bestätigen, so ist das nur ein scheinbarer Widerspruch; er rührt daher, daß die Reize zur Wahrnehmung für längere Zeiten anhalten können, so daß die Wahrnehmung sich dabei wiederholen kann. Deutlich wird dieser ganze Sachverhalt an der bewußten Wahrnehmung unserer Denkvorgänge, die zwar auch anhalten, aber ebenso gut in einem Augenblick abgelaufen sein können. Alles Unbewußte, das sich so verhält, so leicht den unbewußten Zustand mit dem bewußten vertauschen kann, heißen wir darum lieber bewußtseinsfähig oder *vorbewußt*. Die Erfahrung hat uns gelehrt, daß es kaum einen psychischen Vorgang von noch so komplizierter Art gibt, der nicht gelegentlich vorbewußt bleiben könnte, wenngleich er in der Regel zum Bewußtsein vordringt, wie wir uns ausdrücken.

Andere psychische Vorgänge, Inhalte haben keinen so leichten Zugang zum Bewußtwerden, sondern müssen auf die beschriebene Weise erschlossen, erraten und in bewußten Ausdruck übersetzt werden. Für diese reservieren wir den Namen des eigentlich Unbewußten. Wir haben also den psychischen Vorgängen drei Qualitäten zugeschrieben, sie sind entweder bewußt, vorbewußt oder unbewußt. Die Scheidung zwischen den drei Klassen von Inhalten, welche diese Qualitäten tragen, ist weder eine absolute noch eine permanente. Das, was vorbewußt ist, wird, wie wir sehen, ohne unser Zutun bewußt, das Unbewußte kann durch unsere Bemühung bewußt gemacht werden, wobei wir die Empfindung haben dürfen, daß wir oft sehr starke Widerstände überwinden. Wenn wir diesen Versuch bei einem anderen Individuum machen, dürfen wir nicht vergessen, daß die bewußte Ausfüllung seiner Wahrnehmungslücke, die Konstruktion, die wir ihm geben, noch nicht bedeutet, daß wir den betreffenden unbewußten Inhalt bei ihm bewußt gemacht haben. Sondern dieser Inhalt ist zunächst bei ihm in zweifacher Fixierung vorhanden, einmal in der von ihm vernommenen bewußten Rekonstruktion und außerdem in seinem ursprünglichen unbewußten Zustand. Unserer fortgesetzten Bemühung gelingt es dann zumeist, daß dies Unbewußte ihm selbst bewußt wird, wodurch die beiden Fixierungen zusammenfallen. Das Maß unserer Bemühung, nach dem wir den Widerstand gegen das Bewußtwerden schätzen, ist für die einzelnen Fälle verschieden groß. Was z. B. bei der analytischen Behandlung der Erfolg unserer Bemühung ist, kann auch spontan geschehen, ein sonst unbewußter Inhalt kann sich in einen vorbewußten verwandeln und dann bewußt werden, wie es sich im großen Umfang in psychotischen Zuständen ereignet. Wir schließen daraus, daß die Aufrechterhaltung bestimmter innerer Widerstände eine Bedingung der Normalität ist. Regelmäßig erfolgt ein solcher Nachlaß der Widerstände mit daraus folgendem Vordringen von unbewußtem Inhalt im Schlafzustand, womit die Bedingung für die Traumbildung hergestellt ist. Umgekehrt kann vorbewußter Inhalt zeitweilig unzugänglich, durch Widerstände abgesperrt werden, wie es beim zeitweiligen Vergessen (Entfallen) der Fall ist, oder ein vorbewußter Gedanke kann selbst zeitweilig in den unbewußten Zustand zurückversetzt werden, was die Bedingung des Witzes zu sein scheint. Wir werden sehen, daß eine solche Rückverwandlung vorbewußter Inhalte (oder Vorgänge) in den unbewußten Zustand eine große Rolle in der Verursachung neurotischer Störungen spielt.

In dieser Allgemeinheit und Vereinfachung dargestellt, scheint die Lehre von den drei Qualitäten des Psychischen eher eine Quelle unübersehbarer Verwirrung als ein Beitrag zur Aufklärung zu sein. Es ist aber nicht zu vergessen, daß sie eigentlich keine Theorie ist, sondern ein erster Rechenschaftsbericht über die Tatsachen unserer Beobachtungen, daß sie sich so nahe wie möglich an diese Tatsachen hält und sie nicht zu erklären versucht. Die Komplikationen, die sie aufdeckt, mögen die besonderen Schwierigkeiten, mit denen unsere Forschung zu kämpfen hat, begreiflich machen. Vermutlich wird aber auch diese Lehre uns näher gebracht werden, wenn wir den Beziehungen folgen, die sich zwischen den psychischen Qualitäten und den von uns angenommenen Provinzen oder Instanzen des psychischen Apparates ergeben. Allerdings sind auch diese Beziehungen nichts weniger als einfach.

Das Bewußtwerden ist vor allem geknüpft an die Wahrnehmungen, die unsere Sinnesorgane von der Außenwelt gewinnen. Es ist also für die topische Betrachtung ein Phänomen, das sich in der äußersten Rindenschicht des Ichs zuträgt. Wir erhalten allerdings auch bewußte Nachrichten aus dem Körperinneren, die Gefühle, die sogar unser Seelenleben gebieterischer beeinflussen als die äußeren Wahrnehmungen, und unter gewissen Umständen liefern auch die Sinnesorgane Gefühle, Schmerzempfindungen, außer ihren spezifischen Wahrnehmungen. Da aber diese Empfindungen, wie sie zum Unterschied von bewußten Wahrnehmungen heißen, gleichfalls von den Endorganen ausgehen und wir alle diese als Verlängerung, Ausläufer der Rindenschicht auffassen, können wir obige Behauptung aufrechterhalten. Der Unterschied wäre nur, daß für die Endorgane der Empfindungen und Gefühle der Körper selbst die Außenwelt ersetzen würde.

Bewußte Vorgänge an der Peripherie des Ichs, alle anderen im Ich unbewußt, das wäre der einfachste Sachverhalt, den wir anzunehmen hätten. So mag es sich auch wirklich bei den Tieren verhalten, beim Menschen kommt eine Komplikation hinzu, durch welche auch innere Vorgänge im Ich die Qualität des Bewußtseins erwerben können. Dies ist das Werk der Sprachfunktion, die Inhalte des Ichs mit Erinnerungsresten der visuellen, besonders aber akustischen Wahrnehmungen in feste Verbindung bringt. Von da ab kann die wahrnehmende Peripherie der Rindenschicht in weit größerem Umfang auch von innen her erregt werden, innere Vorgänge wie Vorstellungsabläufe und Denkvorgänge können bewußt werden, und es bedarf einer besonderen Vorrichtung, die zwischen beiden Möglichkeiten unterscheidet, der sogenannten *Realitätsprüfung*. Die Gleichstellung Wahrnehmung—Realität (Außenwelt) ist hinfällig geworden. Irrtümer, die sich jetzt leicht ergeben, im Traum regelmäßig, werden *Halluzinationen* genannt.

Das Innere des Ichs, das vor allem die Denkvorgänge umfaßt, hat die Qualität des Vorbewußten. Diese ist für das Ich charakteristisch, kommt ihm allein zu. Es wäre aber nicht richtig, die Verbindung mit den Erinnerungsresten der Sprache zur Bedingung für den vorbewußten Zustand zu machen, dieser ist vielmehr unabhängig davon, wenngleich die Sprachbedingung einen sicheren Schluß auf die vorbewußte Natur des Vorganges gestattet. Der vorbewußte Zustand, einerseits durch seinen Zugang zum Bewußtsein, andererseits durch seine Verknüpfung mit den Sprachresten ausgezeichnet, ist doch etwas Besonderes, dessen Natur durch diese beiden Charaktere nicht erschöpft ist. Der Beweis hierfür ist, daß große Anteile des Ichs, vor allem des Über-Ichs, dem man den Charakter des Vorbewußten nicht bestreiten kann, doch zumeist unbewußt im phänomenologischen Sinne bleiben. Wir wissen nicht, warum dies so sein muß. Das Problem, welches die wirkliche Natur des Vorbewußten ist, werden wir später anzugreifen versuchen.

Das Unbewußte ist die allein herrschende Qualität im Es. Es und Unbewußtes gehören ebenso innig zusammen wie Ich und Vorbewußtes, ja das Verhältnis ist hier noch ausschließlicher. Ein Rückblick auf die Entwicklungsgeschichte der Person und ihres psychischen Apparates läßt uns eine bedeutsame Unterscheidung im Es feststellen. Ursprünglich war ja alles Es, das Ich ist durch den fortgesetzten Einfluß der Außenwelt aus dem Es entwickelt worden. Während dieser langsamen Entwicklung sind gewisse Inhalte des Es in den vorbewußten Zustand gewandelt und so ins Ich aufgenommen worden. Andere sind unverändert im Es als dessen schwer zugänglicher Kern geblieben. Aber während dieser Entwicklung hat das junge und unkräftige Ich gewisse bereits aufgenommene Inhalte wieder in den unbewußten Zustand zurückversetzt, fallen gelassen und gegen manche neue Eindrücke, die es hätte aufnehmen können, sich ebenso verhalten, so daß diese, zurückgewiesen, nur im Es eine Spur hinterlassen konnten. Diesen letzteren Anteil des Es heißen wir mit Rücksicht auf seine Entstehung das Verdrängte. Es macht wenig aus, daß wir zwischen beiden Kategorien im Es nicht immer scharf unterscheiden können. Sie decken sich ungefähr mit der Sonderung in ursprünglich Mitgebrachtes und während der Ichentwicklung Erworbenes.

Wenn wir uns aber zur topischen Zerlegung des psychischen Apparates in Ich und Es, mit der die Unterscheidung der Qualität vorbewußt und unbewußt parallel läuft, entschlossen haben und diese Qualität nur als ein Anzeichen des Unterschieds, nicht als das Wesen desselben, gelten lassen, worin besteht dann die eigentliche Natur des Zustandes, der sich im Es durch die Qualität des Unbewußten, im Ich durch die des Vorbewußten verrät, und worin liegt der Unterschied zwischen beiden?

Nun, darüber wissen wir nichts und von dem tiefdunkeln Hintergrund dieser Unwissenheit heben sich unsere spärlichen Einsichten kläglich genug ab. Wir haben uns hier dem eigentlichen noch nicht enthüllten Geheimnis des Psychischen genähert. Wir nehmen an, wie wir von anderen Naturwissenschaften her gewohnt sind, daß im Seelenleben eine Art von Energie tätig ist, aber es fehlen uns alle Anhaltspunkte, uns ihrer Kenntnis durch Analogien mit anderen Energieformen zu nähern. Wir glauben zu erkennen, daß die nervöse oder psychische Energie in zwei Formen vorhanden ist, einer leicht beweglichen und einer eher gebundenen, sprechen von Besetzungen und Überbesetzungen der Inhalte und wagen selbst die Vermutung, daß eine »Überbesetzung« eine Art von Synthese verschiedener Vorgänge herstellt, bei der die freie Energie in gebundene umgesetzt wird. Weiter sind wir nicht gekommen, immerhin halten wir an der Meinung fest, daß auch der Unterschied des un-

23

bewußten von dem vorbewußten Zustand in solchen dynamischen Verhältnissen liegt, woraus sich ein Verständnis dafür ableiten würde, daß der eine spontan oder durch unsere Mitwirkung in den anderen übergeführt werden kann.

Hinter all diesen Unsicherheiten ruht aber eine neue Tatsache, deren Entdeckung wir der psychoanalytischen Forschung danken. Wir haben erfahren, daß die Vorgänge im Unbewußtsein oder im Es anderen Gesetzen gehorchen als die im vorbewußten Ich. Wir nennen diese Gesetze in ihrer Gesamtheit den *Primärvorgang* im Gegensatz zum Sekundärvorgang, der die Abläufe im Vorbewußten, im Ich, regelt. So hätte am Ende das Studium der psychischen Qualitäten sich doch nicht als unfruchtbar erwiesen.

Fünftes Kapitel

ERLÄUTERUNG AN DER TRAUM-
DEUTUNG

Die Untersuchung normaler, stabiler Zustände, in denen die Grenzen des Ichs gegen das Es durch Widerstände (Gegenbesetzungen) gesichert, unverrückt geblieben sind und das Über-Ich nicht vom Ich unterschieden wird, weil beide einträchtig arbeiten, eine solche Untersuchung würde uns wenig Aufklärung bringen. Was uns fördern kann, sind allein Zustände von Konflikt und Aufruhr, wenn der Inhalt des unbewußten Es Aussicht hat, ins Ich und zum Bewußtsein einzudringen, und das Ich sich gegen diesen Einbruch neuerlich zur Wehr setzt. Nur unter diesen Bedingungen können wir die Beobachtungen machen, die unsere Angaben über beide Partner bestätigen oder berichtigen. Ein solcher Zustand ist aber der nächtliche Schlaf, und darum ist auch die psychische Tätigkeit im Schlaf, die wir als Traum wahrnehmen, unser günstigstes Studienobjekt. Wir vermeiden dabei auch den oft gehörten Vorwurf, daß wir das normale Seelenleben nach pathologischen Befunden konstruieren; denn der Traum ist ein regelmäßiges Vorkommnis im Leben normaler Menschen, so weit sich auch seine Charaktere von den Produktionen unseres Wachlebens unterscheiden mögen. Der Traum kann, wie allgemein bekannt, verworren, unverständlich, geradezu unsinnig sein, seine Angaben mögen all unserem Wissen von der Realität widersprechen, und wir benehmen uns wie Geisteskranke, indem wir, solange wir träumen, den Inhalten des Traumes objektive Realität zusprechen.

Den Weg zum Verständnis (»Deutung«) des Traumes beschreiten wir, indem wir annehmen, daß das, was wir als Traum nach dem Erwachen erinnern, nicht der wirkliche Traumvorgang ist, sondern nur eine Fassade, hinter welcher sich dieser verbirgt. Dies ist unsere Unterscheidung eines *manifesten* Trauminhaltes und der *latenten* Traumgedanken. Den Vorgang, der aus den letzteren den ersteren hervorgehen ließ, heißen wir die *Traumarbeit*. Das Studium der Traumarbeit lehrt uns an einem ausgezeichneten Beispiel, wie unbewußtes Material aus dem Es, ursprüngliches und verdrängtes, sich dem Ich aufdrängt, vorbewußt wird und durch das Sträuben des Ichs jene Veränderungen erfährt, die wir als die *Traumentstellung* kennen. Es gibt keinen Charakter des Traumes, der nicht auf diese Weise seine Aufklärung fände.

Wir beginnen am besten mit der Feststellung, daß es zweierlei Anlässe zur Traumbildung gibt. Entweder hat während des Schlafes eine sonst unterdrückte Triebregung (ein unbewußter Wunsch) die Stärke gefunden, sich im Ich geltend zu machen, oder es hat eine vom Wachleben erübrigte Strebung, ein vorbewußter Gedankengang mit allen ihm anhängenden Konfliktregungen im Schlaf eine Verstärkung durch ein unbewußtes Element gefunden. Also Träume vom Es her oder vom Ich her. Der Mechanismus der Traumbildung ist für beide Fälle der gleiche, auch die dynamische Bedingung ist dieselbe. Das Ich beweist eine spätere Entdeckung aus dem Es dadurch, daß es zeitweise seine Funktionen einstellt und die Rückkehr zu einem früheren Zustand gestattet. Dies geschieht korrekterweise, indem es seine Beziehungen mit der Außenwelt abbricht, seine Besetzungen von den Sinnesorganen zurückzieht. Man kann mit Recht sagen, mit der Geburt ist ein Trieb entstanden, zum aufgegebenen Intrauterinleben zurückzukehren, ein Schlaftrieb. Der Schlaf ist eine solche Rückkehr in den Mutterleib. Da das wache Ich die Motilität beherrscht, wird diese Funktion im Schlafzustand gelähmt, und damit wird ein guter Teil der Hemmungen, die dem unbewußten Es auferlegt waren, überflüssig. Die Einziehung oder Herabsetzung dieser »Gegenbesetzungen« erlaubt nun dem Es ein jetzt unschädliches Maß von Freiheit. Die Beweise für den Anteil des unbewußten Es an der Traumbildung sind reichlich und von zwingender Natur. a) Das Traumgedächtnis ist weit umfassender als das Gedächtnis im Wachzustand. Der Traum bringt Erinnerungen, die der Träumer vergessen hat, die ihm im Wachen unzugänglich waren. b) Der Traum macht einen uneingeschränkten Gebrauch von sprachlichen Symbolen, deren Bedeutung der Träumer meist nicht kennt. Wir können aber ihren Sinn durch unsere Erfahrung bestätigen. Sie stammen wahrscheinlich aus früheren Phasen der Sprachentwicklung. c) Das Traumgedächtnis reproduziert sehr häufig Eindrücke aus der frühen Kindheit des Träumers, von denen wir mit Bestimmtheit behaupten können, nicht nur, daß sie vergessen, sondern daß sie durch Verdrängung unbewußt geworden waren. Darauf beruht die meist unentbehrliche Hilfe des Traumes bei der Rekonstruktion der Frühzeit des Träumers, die wir in der analytischen Behandlung der Neurosen versuchen. d) Darüber hinaus bringt der Traum Inhalte zum Vorschein, die weder aus dem reifen Leben noch aus der vergessenen Kindheit des Träumers stammen können. Wir sind genötigt, sie als Teil der *archaischen* Erbschaft anzusehen, die das Kind, durch das Erleben der Ahnen beeinflußt, vor jeder eigenen Erfahrung mit sich auf die Welt bringt. Die Gegenstücke zu diesem phylogenetischen Material finden wir dann in den ältesten Sagen der Menschheit und in ihren überlebenden Gebräuchen. Der Traum wird so eine nicht zu verachtende Quelle der menschlichen Vorgeschichte.

Was aber den Traum so unschätzbar für unsere Einsicht macht, ist der Umstand, daß das unbewußte Material, wenn es ins Ich eindringt, seine Arbeitsweisen mit sich bringt. Das will sagen, die vorbewußten Gedanken, in denen es seinen Ausdruck gefunden hat, werden im Laufe der Traumarbeit so behandelt, als ob sie unbewußt Anteile des Es wären, und im anderen Falle der Traumbildung werden die vorbewußten Gedanken, die sich die Verstärkung der unbewußten Triebregung geholt haben, zum unbewußten Zustand erniedrigt. Erst auf diesem Wege erfahren wir, welches die Gesetze des Ablaufes im Unbewußten sind und wodurch sie sich von den uns bekannten Regeln im Wachdenken unterscheiden. Die Traumarbeit ist also im wesentlichen ein Fall von unbewußter Bearbeitung vorbewußter Gedankenvorgänge. Um ein Gleichnis aus der Historie heranzuziehen: Die einbrechenden Eroberer behandeln das eroberte Land nicht nach dem Recht, das sie darin vorfinden, sondern nach ihrem eigenen. Es ist aber unverkennbar, daß das Ergebnis der Traumarbeit ein Kompromiß ist. In der dem unbewußten Stoff aufgenötigten Entstellung und in den oft sehr unzugänglichen Versuchen, dem Ganzen eine dem Ich noch annehmbare Form zu geben (sekundäre Bearbeitung), ist der Einfluß der noch nicht gelähmten Ichorganisation zu erkennen. Das ist, im Gleichnis, der Ausdruck des anhaltenden Widerstandes der Unterworfenen.

Die Gesetze des Ablaufes im Unbewußten, die auf solche Art zum Vorschein kommen, sind sonderbar genug und ausreichend, das meiste, was uns am Traum fremdartig ist, zu erklären. Da ist vor allem eine auffällige Tendenz zur *Verdichtung*, eine Neigung, neue Einheiten zu bilden aus Elementen, die wir im Nachdenken gewiß auseinandergehalten hätten. Demzufolge vertritt oft ein einziges Element des manifesten Traumes eine ganze Anzahl von latenten Traumgedanken, als wäre es eine allen gemeinsame Anspielung; überhaupt ist der Umfang des manifesten Traumes außerordentlich verkürzt im Vergleich zu dem reichen Stoff, aus dem er hervorgegangen ist. Eine andere, von der früheren nicht ganz unabhängige Eigentümlichkeit der Traumarbeit ist die Leichtigkeit der *Verschiebung* psychischer Intensitäten (Besetzungen) von einem Element auf ein anderes, so daß oft im manifesten Traum ein Element als das deutlichste und dementsprechend wichtigste erscheint, das in den Traumgedanken nebensächlich war, und umgekehrt wesentliche Elemente der Traumgedanken im manifesten Traum nur durch geringfügige Andeutungen vertreten werden. Außerdem genügen der Traumarbeit meist recht unscheinbare Gemeinsamkeiten, um ein Element für alle weiteren Operationen durch ein anderes zu ersetzen. Man begreift leicht, wie sehr durch diese Mechanismen der Verdichtung und Verschiebung die Deutung des Traumes und die Aufdeckung der Beziehungen zwischen manifestem Traum und latenten Traumgedanken erschwert werden kann. Unsere Theorie zieht aus dem Nachweis dieser beiden Tendenzen zur Verdichtung und Verschiebung den Schluß, daß im unbewußten Es die Energie sich in einem Zustand freier Beweglichkeit befindet und daß es dem Es auf die Möglichkeit der Abfuhr für Erregungsquantitäten mehr ankommt als auf alles andere[1], und sie verwendet beide Eigentümlichkeiten zur Charakteristik des dem Es zugeschriebenen Primärvorgangs.

Durch das Studium der Traumarbeit haben wir noch viele andere, ebenso merkwürdige wie wichtige Besonderheiten der Vorgänge im Unbewußten kennengelernt, von denen nur wenige hier erwähnt werden sollen. Die entscheidenden Regeln der Logik haben im Unbewußten keine Geltung, man kann sagen, es ist das Reich der Unlogik. Strebungen mit entgegengesetzten Zielen bestehen im Unbewußten nebeneinander, ohne daß ein Bedürfnis nach deren Abgleichung sich regte. Entweder sie beeinflussen einander überhaupt nicht, oder wenn, so kommt keine Entscheidung, sondern ein Kompromiß zustande, das unsinnig wird, weil es miteinander unverträgliche Einzelheiten einschließt. Dem steht nahe, daß Gegensätze nicht auseinandergehalten, sondern wie identisch behandelt werden, so daß im manifesten Traum jedes Element auch sein Gegenteil bedeuten kann. Einige Sprachforscher haben erkannt, daß es in den ältesten Sprachen ebenso war und daß Gegensätze wie stark-schwach, hoch-tief ursprünglich durch dieselbe Wurzel ausge-

1 Die Analogie wäre, wie wenn der Unteroffizier, der eben einen Verweis vom Vorgesetzten stumm entgegengenommen hat, seiner Wut darüber an dem nächsten unschuldigen Gemeinen einen Ausweg schafft.

drückt wurden, bis zwei verschiedene Modifikationen des Urwortes die beiden Bedeutungen voneinander sonderten. Reste des ursprünglichen Doppelsinns sollen noch in einer so hoch entwickelten Sprache wie dem Lateinischen im Gebrauch von *altus* (hoch und tief), *sacer* (heilig und verrucht) u. a. erhalten sein.

Angesichts der Komplikation und der Vieldeutigkeit der Beziehungen zwischen manifestem Traum und dahinterliegendem latenten Inhalt ist man natürlich berechtigt zu fragen, auf welchem Weg man überhaupt dazu kommt, aus dem einen das andere abzuleiten, und ob man dabei allein auf ein glückliches Erraten, etwa unterstützt durch die Übersetzung der im manifesten Traum erscheinenden Symbole, angewiesen ist. Man darf die Auskunft geben, diese Aufgabe ist in den allermeisten Fällen in befriedigender Weise lösbar, aber nur mit Hilfe der Assoziationen, die der Träumer selbst zu den Elementen des manifesten Inhaltes liefert. Jedes andere Verfahren ist willkürlich und ergibt keine Sicherheit. Die Assoziationen des Träumers aber bringen die Mittelglieder zum Vorschein, die wir in die Lücke zwischen beiden einfügen und mit deren Hilfe wir den latenten Inhalt des Traumes wiederherstellen, den Traum »deuten« können. Es ist nicht zu verwundern, wenn diese der Traumarbeit entgegengesetzte Deutungsarbeit gelegentlich nicht die volle Sicherheit erzielt.

Es erübrigt, uns noch die dynamische Aufklärung zu geben, warum das schlafende Ich überhaupt die Aufgabe der Traumarbeit auf sich nimmt. Sie ist zum Glück leicht zu finden. Jeder in Bildung begriffene Traum erhebt mit Hilfe des Unbewußten einen Anspruch an das Ich auf Befriedigung eines Triebes, wenn er vom Es — auf Lösung eines Konfliktes, Aufhebung eines Zweifels, Herstellung eines Vorsatzes, wenn er von einem Rest der vorbewußten Tätigkeit im Wachleben ausgeht. Das schlafende Ich ist aber auf den Wunsch, den Schlaf festzuhalten, eingestellt, empfindet diesen Anspruch als eine Störung und sucht diese Störung zu beseitigen. Dies gelingt dem Ich durch einen Akt scheinbarer Nachgiebigkeit, indem es dem Anspruch eine unter diesen Umständen harmlose *Wunscherfüllung* entgegensetzt und ihn so aufhebt. Diese Ersetzung des Anspruches durch Wunscherfüllung bleibt die wesentliche Leistung der Traumarbeit. Vielleicht ist es nicht überflüssig, dies an drei einfachen Beispielen zu erläutern, einem Hungertraum, einem Bequemlichkeitstraum und einem vom sexuellen Bedürfnis eingegebenen. Beim Träumer meldet sich im Schlaf ein Bedürfnis nach Nahrung, er träumt von einer herrlichen Mahlzeit und schläft weiter. Er hatte natürlich die Wahl, aufzuwachen, um zu essen, oder den Schlaf fortzusetzen. Er hat sich für letzteres entschieden und den Hunger durch den Traum befriedigt. Wenigstens für eine Weile; hält der Hunger an, so wird er doch erwachen müssen. Der andere Fall: der Schläfer soll erwachen, um zu bestimmter Zeit auf der Klinik zu sein. Er schläft aber weiter und träumt, daß er sich schon auf der Klinik befindet, als Patient allerdings, der sein Bett nicht zu verlassen braucht. Oder nächtlicherweile regt sich die Sehnsucht nach dem Genuß eines verbotenen Sexualobjekts, der Frau eines Freundes. Er träumt vom Sexualverkehr, freilich nicht mit dieser Person, aber doch einer anderen, die denselben Namen trägt, wenngleich sie selbst ihm gleichgültig ist. Oder sein Sträuben äußert sich darin, daß die Geliebte überhaupt anonym bleibt.

Natürlich liegen nicht alle Fälle so einfach; besonders in den Träumen, die von unerledigten Tagesresten ausgehen und sich im Schlafzustand nur eine unbewußte Verstärkung geholt haben, ist es oft nicht leicht, die unbewußte Triebkraft aufzudekken und deren Wunscherfüllung nachzuweisen, aber man darf annehmen, daß sie immer vorhanden ist. Der Satz, daß der Traum Wunscherfüllung ist, wird leicht auf Unglauben stoßen, wenn man sich erinnert, wie viele Träume einen direkt peinlichen Inhalt haben oder selbst unter Angst zum Erwachen führen, ganz abgesehen von den so häufigen Träumen ohne bestimmten Gefühlston. Aber der Einwand des Angsttraumes hält der Analyse nicht stand. Man darf nicht vergessen, daß der Traum in allen Fällen das Ergebnis eines Konflikts, eine Art von Kompromißbildung ist. Was für das unbewußte Es eine Befriedigung ist, kann eben darum für das Ich ein Anlaß zur Angst sein.

Wie die Traumarbeit vor sich geht, hat sich das eine Mal das Unbewußte besser durchgesetzt, das andere Mal das Ich energischer gewehrt. Die Angstträume sind meist diejenigen, deren Inhalt die geringste Entstellung erfahren hat. Wird der Anspruch des Unbewußten zu groß, so daß das schlafende Ich nicht imstande ist, ihn durch die verfügbaren Mittel abzuwehren, so gibt es den Schlafwunsch auf und kehrt ins wache Leben zurück. Man trägt allen Erfahrungen Rechnung, wenn man sagt, der Traum sei jedesmal ein *Versuch*, die Schlafstörung durch Wunscherfüllung zu beseitigen, er sei also der Hüter des Schlafes. Dieser Versuch kann mehr oder weniger vollkommen gelingen, er kann auch mißlingen und dann wacht der Schläfer auf, anscheinend durch eben diesen Traum geweckt. Auch dem braven Nachtwächter, der den Schlaf des Städtchens behüten soll, bleibt ja unter Umständen nichts übrig, als Lärm zu schlagen und die schlafenden Bürger zu wecken.

An den Schluß dieser Erörterungen setzen wir die Mitteilung, die unser langes Verweilen beim Problem der Traumdeu-

tung rechtfertigen wird. Es hat sich ergeben, daß die unbewußten Mechanismen, die wir durch das Studium der Traumarbeit
erkannt haben und die uns die Traumbildung erklärten, daß
dieselben Mechanismen uns auch zum Verständnis der rätsel-
haften Symptombildungen verhelfen, durch die Neurosen und
Psychosen unser Interesse herausfordern. Eine solche Übereinstimmung muß große Hoffnungen bei uns erwecken.

ZWEITER TEIL

DIE PRAKTISCHE AUFGABE

Sechstes Kapitel

DIE PSYCHOANALYTISCHE TECHNIK

Der Traum ist also eine Psychose, mit allen Ungereimtheiten, Wahnbildungen, Sinnestäuschungen einer solchen. Eine Psychose zwar von kurzer Dauer, harmlos, selbst mit einer nützlichen Funktion betraut, von der Zustimmung der Person eingeleitet, durch einen Willensakt von ihr beendet. Aber doch eine Psychose, und wir lernen an ihr, daß selbst eine so tiefgehende Veränderung des Seelenlebens rückgängig werden, der normalen Funktion Raum geben kann. Ist es dann kühn, zu hoffen, daß es möglich sein müßte, auch die gefürchteten spontanen Erkrankungen des Seelenlebens unserem Einfluß zu unterwerfen und sie zur Heilung zu bringen?

Wir wissen schon manches zur Vorbereitung für diese Unternehmung. Nach unserer Voraussetzung hat das Ich die Aufgabe, den Ansprüchen seiner drei Abhängigkeiten von der Realität, dem Es und dem Über-Ich zu genügen und dabei doch seine Organisation aufrechtzuhalten, seine Selbständigkeit zu behaupten. Die Bedingung der in Rede stehenden Krankheitszustände kann nur eine relative oder absolute Schwächung des Ichs sein, die ihm die Erfüllung seiner Aufgaben unmöglich macht. Die schwerste Anforderung an das Ich ist wahrscheinlich die Niederhaltung der Triebansprüche des Es, wofür es große Aufwände an Gegenbesetzungen zu unterhalten hat. Es kann aber auch der Anspruch des Über-Ichs so stark und so unerbittlich werden, daß das Ich seinen anderen Aufgaben wie gelähmt gegenübersteht. Wir ahnen, in den ökonomischen Konflikten, die sich hier ergeben, machen Es und Über-Ich oft gemeinsame Sache gegen das bedrängte Ich, das sich zur Erhaltung seiner Norm an die Realität anklammern will. Werden die beiden ersteren zu stark, so gelingt es ihnen, die Organisation des Ichs aufzulockern und zu verändern, so daß seine richtige Beziehung zur Realität gestört oder selbst aufgehoben wird. Wir haben es am Traum gesehen; wenn sich das Ich von der Realität der Außenwelt ablöst, verfällt es unter dem Einfluß der Innenwelt in die Psychose.

31

Auf diese Einsichten gründen wir unseren Heilungsplan. Das Ich ist durch den inneren Konflikt geschwächt, wir müssen ihm zu Hilfe kommen. Es ist wie in einem Bürgerkrieg, der durch den Beistand eines Bundesgenossen von außen entschieden werden soll. Der analytische Arzt und das geschwächte Ich des Kranken sollen, an die reale Außenwelt angelehnt, eine Partei bilden gegen die Feinde, die Triebansprüche des Es und die Gewissensansprüche des Über-Ichs. Wir schließen einen Vertrag miteinander. Das kranke Ich verspricht uns vollste Aufrichtigkeit, d. h. die Verfügung über allen Stoff, den ihm seine Selbstwahrnehmung liefert, wir sichern ihm strengste Diskretion zu und stellen unsere Erfahrung in der Deutung des vom Unbewußten beeinflußten Materials in seinen Dienst. Unser Wissen soll sein Unwissen gutmachen, soll seinem Ich die Herrschaft über verlorene Bezirke des Seelenlebens wiedergeben. In diesem Vertrag besteht die analytische Situation.

Schon nach diesem Schritt erwartet uns die erste Enttäuschung, die erste Mahnung zur Bescheidenheit. Soll das Ich des Kranken ein wertvoller Bundesgenosse bei unserer gemeinsamen Arbeit sein, so muß es sich trotz aller Bedrängnis durch die ihm feindlichen Mächte ein gewisses Maß von Zusammenhalt, ein Stück Einsicht für die Anforderungen der Wirklichkeit bewahrt haben. Aber das ist vom Ich des Psychotikers nicht zu erwarten, dieses kann einen solchen Vertrag nicht einhalten, ja kaum ihn eingehen. Es wird sehr bald unsere Person und die Hilfe, die wir ihm anbieten, zu den Anteilen der Außenwelt geworfen haben, die ihm nichts mehr bedeuten. So erkennen wir, daß wir darauf verzichten müssen, unseren Heilungsplan beim Psychotiker zu versuchen. Vielleicht für immer verzichten, vielleicht nur zeitweilig, bis wir einen anderen, für ihn tauglicheren Plan gefunden haben.

Es gibt aber eine andere Klasse von psychisch Kranken, die den Psychotikern offenbar sehr nahe stehen, die ungeheure Anzahl der schwer leidenden Neurotiker. Die Krankheitsbedingungen wie die pathogenen Mechanismen müssen bei ihnen dieselben sein oder wenigstens sehr ähnlich. Aber ihr Ich hat sich widerstandsfähiger gezeigt, ist weniger desorganisiert worden. Viele von ihnen konnten sich trotz all ihrer Beschwerden und der von ihnen verursachten Unzulänglichkeiten noch im realen Leben behaupten. Diese Neurotiker mögen sich bereit zeigen, unsere Hilfe anzunehmen. Wir wollen unser Interesse auf sie beschränken und versuchen, wie weit und auf welchen Wegen wir sie »heilen« können.

Mit den Neurotikern schließen wir also den Vertrag: volle Aufrichtigkeit gegen strenge Diskretion. Das macht den Eindruck, als strebten wir nur die Stellung eines weltlichen Beichtvaters an. Aber der Unterschied ist groß, denn wir wollen von ihm nicht nur hören, was er weiß und vor anderen verbirgt, sondern er soll uns auch erzählen, was er nicht weiß. In dieser Absicht geben wir ihm eine nähere Bestimmung dessen, was wir unter Aufrichtigkeit verstehen. Wir verpflichten ihn auf die analytische *Grundregel*, die künftighin sein Verhalten gegen uns beherrschen soll. Er soll uns nicht nur mitteilen, was er absichtlich und gern sagt, was ihm wie in einer Beichte Erleichterung bringt, sondern auch alles andere, was ihm seine Selbstbeobachtung liefert, alles, was ihm in den Sinn kommt, auch wenn es ihm *unangenehm* zu sagen ist, auch wenn es ihm *unwichtig* oder sogar *unsinnig* erscheint. Gelingt es ihm, nach dieser Anweisung seine Selbstkritik auszuschalten, so liefert er uns eine Fülle von Material, Gedanken, Einfällen, Erinnerungen, die bereits unter dem Einfluß des Unbewußten stehen, oft direkte Abkömmlinge desselben sind und die uns also in den Stand setzen, das bei ihm verdrängte Unbewußte zu erraten und durch unsere Mitteilung die Kenntnis seines Ichs von seinem Unbewußten zu erweitern.

Aber weit entfernt davon, daß die Rolle seines Ichs sich darauf beschränken würde, in passivem Gehorsam uns das verlangte Material zu bringen und unsere Übersetzung desselben gläubig hinzunehmen. Es ereignet sich manches andere, einiges was wir voraussehen durften, anderes was uns überraschen muß. Das Merkwürdigste ist, daß der Patient nicht dabei bleibt, den Analytiker im Lichte der Realität zu betrachten als den Helfer und Berater, den man überdies für seine Mühewaltung entlohnt und der sich selbst gern mit der Rolle etwa eines Bergführers auf einer schwierigen Gebirgstour begnügen würde, sondern daß er in ihm eine Wiederkehr — Reinkarnation — einer wichtigen Person aus seiner Kindheit, Vergangenheit erblickt und darum Gefühle und Reaktionen auf ihn überträgt, die sicherlich diesem Vorbild gegolten haben. Diese Tatsache der Übertragung erweist sich bald als ein Moment von ungeahnter Bedeutung, einerseits ein Hilfsmittel von unersetzlichem Wert, andererseits eine Quelle ernster Gefahren. Diese Übertragung ist *ambivalent,* sie umfaßt positive, zärtliche, wie negative, feindselige Einstellungen gegen den Analytiker, der in der Regel an die Stelle eines Elternteils, des Vaters oder der Mutter, gesetzt wird. Solange sie positiv ist, leistet sie uns die besten Dienste. Sie verändert die ganze analytische Situation, drängt die rationelle Absicht, gesund und leidensfrei zu werden, zur Seite. An ihre Stelle tritt die Absicht, dem Analytiker zu gefallen, seinen Beifall, seine Liebe zu gewinnen. Sie wird die eigentliche Triebfeder der Mitarbeit des Patienten, das schwache Ich wird stark, unter ihrem Einfluß bringt er Leistungen zustande, die ihm sonst unmöglich wären, stellt seine Symptome ein, wird anscheinend gesund, nur dem Analytiker zuliebe. Der Analytiker mag sich beschämt eingestehen, daß er eine schwierige Unternehmung begonnen, ohne zu ahnen, welch außerordentliche Machtmittel sich ihm zur Verfügung stellen würden.

Das Verhältnis der Übertragung bringt außerdem noch zwei andere Vorteile mit sich. Setzt der Patient den Analytiker an die Stelle seines Vaters (seiner Mutter), so räumt er ihm auch die Macht ein, die sein Über-Ich über sein Ich ausübt, denn diese Eltern sind ja der Ursprung des Über-Ichs gewesen. Das neue Über-Ich hat nun Gelegenheit zu einer Art von *Nacherziehung* des Neurotikers, es kann Mißgriffe korrigieren, die sich die Eltern in ihrer Erziehung zuschulden kommen ließen. Hier setzt allerdings die Warnung ein, den neuen Einfluß nicht zu mißbrauchen. So sehr es den Analytiker verlocken mag, Lehrer, Vorbild und Ideal für andere zu werden, Menschen nach seinem Vorbild zu schaffen, er darf nicht vergessen, daß dies nicht seine Aufgabe im analytischen Verhältnis ist, ja daß er seiner Aufgabe untreu wird, wenn er sich von seiner Neigung fortreißen läßt. Er wiederholt dann nur einen Fehler der Eltern, die die Unabhängigkeit des Kindes durch ihren Einfluß erdrückt hatten, ersetzt nur die frühere Abhängigkeit durch eine neuere. Der Analytiker soll aber bei allen Bemühungen, zu bessern und zu erziehen, die Eigenart des Patienten respektieren. Das Maß von Beeinflussung, dessen er sich legitimerweise getraut, wird durch den Grad der Entwicklungshemmung bestimmt werden, den er bei dem Patienten vorfindet. Manche Neurotiker sind so infantil geblieben, daß sie auch in der Analyse nur wie Kinder behandelt werden können.

Ein anderer Vorteil der Übertragung ist noch, daß der Patient uns in ihr mit plastischer Deutlichkeit ein wichtiges Stück seiner Lebensgeschichte vorführt, über das er uns wahrscheinlich sonst nur ungenügende Auskunft gegeben hätte. Er agiert gleichsam vor uns, anstatt uns zu berichten.

Und nun zur anderen Seite des Verhältnisses. Da die Übertragung die Beziehung zu den Eltern reproduziert, übernimmt sie auch deren Ambivalenz. Es ist kaum zu vermeiden, daß die positive Einstellung zum Analytiker eines Tages in die negative, feindselige umschlägt. Auch diese ist gewöhnlich eine Wiederholung der Vergangenheit. Die Gefügigkeit gegen den Vater (wenn es sich um ihn handelte), das Werben um seine Gunst wurzelte in einem erotischen, auf seine Person gerichteten Wunsch. Irgendeinmal drängt sich dieser Anspruch auch in der Übertragung hervor und besteht auf Befriedigung. Er kann in der analytischen Situation nur auf Versagung stoßen. Reale sexuelle Beziehungen zwischen Patienten und Analytiker sind ausgeschlossen, auch die feineren Weisen der Befriedigung wie Bevorzugung, Intimität usw. werden vom Analytiker nur in spärlichem Ausmaß gewährt. Solche Verschmähung wird zum Anlaß der Umwandlung genommen, wahrscheinlich ging dasselbe in der Kindheit des Patienten vor sich.

Die Heilerfolge, die unter der Herrschaft der positiven Übertragung zustande kamen, stehen im Verdacht, *suggestiver* Natur zu sein. Gewinnt die negative Übertragung die Oberhand, so werden sie wie Spreu vor dem Wind hinweggeweht. Man merkt mit Schrecken, daß alle Mühe und Arbeit bisher vergeblich war. Ja, auch was man für einen bleibenden intellektuellen Gewinn des Patienten halten durfte, sein Verständnis für die Psychoanalyse, sein Vertrauen in deren Wirksamkeit, sind plötzlich verschwunden. Er benimmt sich wie das Kind, das kein eigenes Urteil hat, das blind dem glaubt, dem seine Liebe gehört, und keinem Fremden. Offenbar besteht die Gefahr dieser Übertragungszustände darin, daß der Patient ihre Natur verkennt und sie für neue reale Erlebnisse hält anstatt für Spiegelungen der Vergangenheit. Verspürt er (oder sie) das starke erotische Bedürfnis, das sich hinter der positiven Übertragung birgt, so glaubt er, sich leidenschaftlich verliebt zu haben; schlägt die Übertragung um, so hält er sich für beleidigt und vernachlässigt, haßt den Analytiker als seinen Feind und ist bereit, die Analyse aufzugeben. In beiden extremen Fällen hat er den Vertrag vergessen, den er zu Eingang der Behandlung angenommen hatte, ist er für die Fortsetzung der gemeinsamen Arbeit unbrauchbar geworden. Der Analytiker hat die Aufgabe, den Patienten jedesmal aus der gefahrdrohenden Illusion zu reißen, ihm immer wieder zu zeigen, daß es eine Spiegelung der Vergangenheit ist, was er für ein neues, reales Leben hält. Und damit er nicht in einen Zustand gerate, der ihn unzugänglich für alle Beweismittel macht, sorgt man dafür, daß weder die Verliebtheit noch die Feindseligkeit eine extreme Höhe erreichen. Man tut dies, indem man ihn frühzeitig auf diese Möglichkeiten vorbereitet und deren erste Anzeichen nicht unbeachtet läßt. Solche Sorgfalt in der Handhabung der Übertragung pflegt sich reichlich zu lohnen. Gelingt es, wie zumeist, den Patienten über die wirkliche Natur der Übertragungsphänomene zu belehren, so hat man seinem Widerstand eine mächtige Waffe aus der Hand geschlagen, Gefahren in Gewinne verwandelt; denn was der Patient in den Formen der Übertragung erlebt hat, das vergißt er nicht wieder, das hat für ihn stärkere Überzeugungskraft als alles auf andere Art Erworbene.

Es ist uns sehr unerwünscht, wenn der Patient außerhalb der Übertragung *agiert* anstatt zu erinnern; das für unsere Zwecke ideale Verhalten wäre, wenn er sich außerhalb der Behandlung möglichst normal benähme und seine abnormen Reaktionen nur in der Übertragung äußerte.

Unser Weg, das geschwächte Ich zu stärken, geht von der Erweiterung seiner Selbsterkenntnis aus. Wir wissen, dies ist nicht alles, aber es ist der erste Schritt. Der Verlust an solcher Kenntnis bedeutet für das Ich Einbuße an Macht und Einfluß, er ist das nächste greifbare Anzeichen dafür, daß es von den Anforderungen des Es und des Über-Ichs eingeengt und behindert ist. Somit ist das erste Stück unserer Hilfeleistung eine intellektuelle Arbeit von unserer Seite und eine Aufforderung zur Mitarbeit daran für den Patienten. Wir wissen, diese erste Tätigkeit soll uns den Weg bahnen zu einer anderen, schwierigeren Aufgabe. Wir werden den dynamischen Anteil derselben auch während der Einleitung nicht aus den Augen verlieren. Den Stoff für unsere Arbeit gewinnen wir aus verschiedenen Quellen, aus dem, was uns seine Mitteilungen und freien Assoziationen andeuten, was er uns in seinen Übertragungen zeigt, was wir aus der Deutung seiner Träume entnehmen, was er durch seine *Fehlleistungen* verrät. All das Material verhilft uns zu Konstruktionen über das, was mit ihm vorgegangen ist und was er vergessen hat, wie über das, was jetzt in ihm vorgeht, ohne daß er es versteht. Wir versäumen dabei aber nie, unser Wissen und sein Wissen streng auseinanderzuhalten. Wir vermeiden es, ihm, was wir oft sehr frühzeitig erraten haben, sofort mitzuteilen oder ihm alles mitzuteilen, was wir glauben erraten zu haben. Wir überlegen uns sorgfältig, wann wir ihn zum Mitwisser einer unserer Konstruktionen machen sollen, warten einen Moment ab, der uns der geeignete zu sein scheint, was nicht immer leicht zu entscheiden ist. In der Regel verzögern wir die Mitteilung einer Konstruktion, die Aufklärung, bis er sich selbst derselben so weit genähert hat, daß ihm nur ein Schritt, allerdings die entscheidende Synthese, zu tun übrig bleibt. Würden wir anders verfahren, ihn mit unseren Deutungen überfallen, ehe er für sie vorbereitet ist, so bliebe die Mitteilung entweder erfolglos oder sie würde einen heftigen Ausbruch von *Widerstand* hervorrufen, der die Fortsetzung der Arbeit erschweren oder selbst in Frage stellen könnte. Haben wir aber alles richtig vorbereitet, so erreichen wir oft, daß der Patient unsere Konstruktion unmittelbar bestätigt und den vergessenen inneren oder äußeren Vorgang selbst erinnert. Je genauer sich die Konstruktion mit den Einzelheiten des Vergessenen deckt, desto leichter wird ihm seine Zustimmung. Unser Wissen in diesem Stück ist dann auch sein Wissen geworden.

Mit der Erwähnung des Widerstandes sind wir an den zweiten, wichtigeren Teil unserer Aufgabe herangekommen. Wir haben schon gehört, daß sich das Ich gegen das Eindringen unerwünschter Elemente aus dem unbewußten und verdrängten Es durch Gegenbesetzungen schützt, deren Intaktheit eine Bedingung seiner normalen Funktion ist. Je bedrängter sich das Ich nun fühlt, desto krampfhafter beharrt es, gleichsam verängstigt, auf diesen Gegenbesetzungen, um seinen Restbestand vor weiteren Einbrüchen zu beschützen. Diese defensive Tendenz stimmt aber durchaus nicht zu den Absichten unserer Behandlung. Wir wollen im Gegenteil, daß das Ich, durch die Sicherheit unserer Hilfe kühn geworden, den Angriff wage, um das Verlorene wieder zu erobern. Dabei bekommen wir nun die Stärke dieser Gegenbesetzungen als *Widerstände* gegen unsere Arbeit zu spüren. Das Ich schreckt vor solchen Unternehmungen zurück, die gefährlich scheinen und mit Unlust drohen, es muß beständig angeeifert und beschwichtigt werden, um sich uns nicht zu verweigern. Diesen Widerstand, der die ganze Behandlung über anhält und sich bei jedem neuen Stück der Arbeit erneuert, heißen wir, nicht ganz korrekt, den *Verdrängungswiderstand.* Wir werden hören, daß es nicht der einzige ist, der uns bevorsteht. Es ist interessant, daß sich in dieser Situation die Parteibildung gewissermaßen umkehrt, denn das Ich sträubt sich gegen unsere Anregung, das Unbewußte aber, sonst unser Gegner, leistet uns Hilfe, denn es hat einen natürlichen »Auftrieb«, es verlangt nichts so sehr, als über die ihm gesetzten Grenzen ins Ich und bis zum Bewußtsein vorzudringen. Der Kampf, der sich entspinnt, wenn wir unsere Absicht erreichen und das Ich zur Überwindung seiner Widerstände bewegen können, vollzieht sich unter unserer Leitung und mit unserer Hilfeleistung. Es ist gleichgültig, welchen Ausgang er nimmt, ob er dazu führt, daß das Ich einen bisher zurückgewiesenen Triebanspruch nach neuerlicher Prüfung annimmt, oder ob es ihn wiederum, diesmal endgültig, verwirft. In beiden Fällen ist eine dauernde Gefahr beseitigt, der Umfang des Ichs erweitert und ein kostspieliger Aufwand überflüssig gemacht worden.

Die Überwindung der Widerstände ist der Teil unserer Arbeit, der die meiste Zeit und die größte Mühe in Anspruch nimmt. Er lohnt sich aber auch, denn er bringt eine vorteilhafte Ichveränderung zustande, die sich unabhängig vom Erfolg der Übertragung erhalten und im Leben bewähren wird. Gleichzeitig haben wir auch an der Beseitigung jener Ichveränderung gearbeitet, die sich unter dem Einfluß des Unbewußten hergestellt hatte, denn wann immer wir solche Abkömmlinge desselben im Ich nachweisen konnten, haben wir ihre illegitime Herkunft aufgezeigt und das Ich zu ihrer Verwerfung angeregt. Wir erinnern uns, es war eine der Vorbedingungen unserer vertragsmäßigen Hilfeleistung, daß eine solche Ichveränderung durch das Eindringen unbewußter Elemente ein gewisses Ausmaß nicht überstiegen habe.

Je weiter unsere Arbeit fortschreitet und je tiefer sich unsere Einsicht in das Seelenleben des Neurotikers gestaltet, desto deutlicher drängt sich uns die Kenntnis zweier neuer Momente auf, die als Quellen des Widerstandes die größte Beachtung fordern. Beide sind dem Kranken völlig unbekannt, beide konnten beim Abschluß unseres Vertrages nicht berücksichtigt werden; sie gehen auch nicht vom Ich des Patienten aus. Man kann sie unter dem gemeinsamen Namen: Krankheits- oder Leidensbedürfnis zusammenfassen, aber sie sind verschiedener Herkunft, wenn auch sonst verwandter Natur. Das erste dieser beiden Momente ist das Schuldgefühl oder Schuldbewußtsein, wie es mit Hinwegsetzung über die Tatsache genannt wird, daß der Kranke es nicht verspürt und nicht erkennt. Es ist offenbar der Beitrag zum Widerstand, den ein besonders hart und grausam gewordenes Über-Ich leistet. Das Individuum soll nicht gesund werden, sondern krank bleiben, denn es verdient nichts Besseres. Dieser Widerstand stört eigentlich unsere intellektuelle Arbeit nicht, aber er macht sie unwirksam, ja er gestattet oft, daß wir eine Form des neurotischen Leidens aufheben, ist aber sofort bereit, sie durch eine andere, eventuell durch eine somatische Erkrankung zu ersetzen. Dieses Schuldbewußtsein erklärt auch die gelegentlich beobachtete Heilung oder Besserung schwerer Neurosen durch reale Unglücksfälle; es kommt nämlich nur darauf an, daß man elend sei, gleichgiltig in welcher Weise. Die klaglose Ergebenheit, mit der solche Personen oft ihr schweres Schicksal ertragen, ist sehr merkwürdig, aber auch verräterisch. In der Abwehr dieses Widerstandes müssen wir uns auf das Bewußtmachen desselben und auf den Versuch zum langsamen Abbau des feindseligen Über-Ichs beschränken.

Weniger leicht ist es, die Existenz eines anderen Widerstandes zu erweisen, in dessen Bekämpfung wir uns besonders unzulänglich finden. Es gibt unter den Neurotikern Personen, bei denen, nach all ihren Reaktionen zu urteilen, der Trieb zur Selbsterhaltung geradezu eine Verkehrung erfahren hat. Sie scheinen auf nichts anderes als auf Selbstschädigung und Selbstzerstörung auszugehen. Vielleicht gehören auch die Personen, welche am Ende wirklich Selbstmord begehen, zu dieser Gruppe. Wir nehmen an, daß bei ihnen weitgehende Triebentmischungen stattgefunden haben, in deren Folge übergroße Quantitäten des nach innen gewendeten Destruktionstriebs frei geworden sind. Solche Patienten können die Herstellung durch unsere Behandlung nicht erträglich finden, sie widerstreben ihr mit allen Mitteln. Aber wir gestehen es zu, dies ist ein Fall, dessen Aufklärung uns noch nicht ganz geglückt ist.

Überblicken wir jetzt nochmals die Situation, in die wir uns mit unserem Versuch, dem neurotischen Ich Hilfe zu bringen, begeben haben. Dieses Ich kann die Aufgabe, welche ihm die Außenwelt einschließlich der menschlichen Gesellschaft stellt, nicht mehr erfüllen. Es verfügt nicht über all seine Erfahrungen, ein großer Teil seines Erinnerungsschatzes ist ihm abhanden gekommen. Seine Aktivität wird durch strenge Verbote des Über-Ichs gehemmt, seine Energie verzehrt sich in vergeblichen Versuchen zur Abwehr der Ansprüche des Es. Überdies ist es infolge der fortgesetzten Einbrüche des Es in seiner Organisation geschädigt, in sich gespalten, bringt keine ordentliche Synthese mehr zustande, wird von einander widerstrebenden Strebungen, unerledigten Konflikten, ungelösten Zweifeln zerrissen. Wir lassen dies geschwächte Ich des Patienten zunächst an der rein intellektuellen Deutungsarbeit teilnehmen, die eine provisorische Ausfüllung der Lücken in seinem seelischen Besitz anstrebt, lassen uns die Autorität seines Über-Ichs übertragen, feuern es an, den Kampf um jeden einzelnen Anspruch des Es aufzunehmen und die Widerstände zu besiegen, die sich dabei ergeben. Gleichzeitig stellen wir die Ordnung in seinem Ich wieder her, indem wir die aus dem Unbewußten eingedrungenen Inhalte und Strebungen aufspüren und durch Rückführung auf ihren Ursprung der Kritik bloßstellen. Wir dienen dem Patienten in verschiedenen Funktionen als Autorität und Elternersatz, als Lehrer und Erzieher, das Beste haben wir für ihn getan, wenn wir als Analytiker die psychischen Vorgänge in seinem Ich aufs normale Niveau heben, unbewußt Gewordenes und Verdrängtes in Vorbewußtes verwandeln und damit dem Ich wieder zu eigen geben. Auf der Seite des Patienten wirken für uns einige rationale Momente wie das durch sein Leiden motivierte Bedürfnis nach Genesung und das intellektuelle Interesse, das wir bei ihm für die Lehren und Enthüllungen der Psychoanalyse wecken konnten, mit weit stärkeren Kräften aber die positive Übertragung, mit der er uns entgegenkommt. Auf der anderen Seite streiten gegen uns die negative Übertragung, der Verdrängungswiderstand des Ichs, d. h. seine Unlust, sich der ihm aufgetragenen schweren Arbeit auszusetzen, das Schuldgefühl aus dem Verhältnis zum Über-Ich und das Krankheitsbedürfnis aus tiefgreifenden Veränderungen seiner Triebökonomie. Von dem Anteil der beiden letzteren Faktoren hängt es ab, ob wir seinen Fall einen leichten oder schweren nennen werden. Unabhängig von diesen lassen sich einige andere Momente erkennen, die als günstig oder ungünstig in Betracht kommen. Eine gewisse psychische Trägheit, eine Schwerbeweglichkeit der Libido, die ihre Fixierungen nicht verlassen will, kann uns nicht willkommen sein; die Fähigkeit der Person zur Triebsublimierung spielt eine große Rolle und ebenso ihre Fähigkeit zur Erhebung über das grobe Triebleben sowie die relative Macht ihrer intellektuellen Funktionen.

Wir sind nicht enttäuscht, sondern finden es durchaus begreiflich, wenn wir zum Schluß kommen, daß der Endausgang des Kampfes, den wir aufgenommen haben, von quantitativen Relationen abhängt, von dem Energiebetrag, den wir zu unseren Gunsten beim Patienten mobilisieren können, im Vergleich zur Summe der Energien der Mächte, die gegen uns wirken. Gott ist hier wieder einmal mit den stärkeren Bataillonen — gewiß erreichen wir nicht immer, zu siegen, aber wenigstens können wir meistens erkennen, warum wir nicht gesiegt haben. Wer unseren Ausführungen nur aus therapeutischem Interesse gefolgt ist, wird sich vielleicht nach diesem Eingeständnis geringschätzig abwenden. Aber uns beschäftigt die Therapie hier nur insoweit, als sie mit psychologischen Mitteln arbeitet, derzeit haben wir keine anderen. Die Zukunft mag uns lehren, mit besonderen chemischen Stoffen die Energiemengen und deren Verteilungen im seelischen Apparat direkt zu beeinflussen. Vielleicht ergeben sich noch ungeahnte andere Möglichkeiten der Therapie; vorläufig steht uns nichts Besseres zu Gebote als die psychoanalytische Technik, und darum sollte man sie trotz ihrer Beschränkungen nicht verachten.

Siebentes Kapitel

EINE PROBE PSYCHOANALYTISCHER ARBEIT

Wir haben uns eine allgemeine Kenntnis des psychischen Apparates verschafft, der Teile, Organe, Instanzen, aus denen er zusammengesetzt ist, der Kräfte, die in ihm wirken, der Funktionen, mit denen seine Teile betraut sind. Die Neurosen und Psychosen sind die Zustände, in denen sich die Funktionsstörungen des Apparates Ausdruck verschaffen. Zu unseren Studienobjekten haben wir die Neurosen gewählt, weil sie allein den psychologischen Methoden unserer Eingriffe zugänglich erscheinen. Während wir uns bemühen, sie zu beeinflussen, sammeln wir die Beobachtungen, die uns ein Bild von ihrer Herkunft und der Weise ihrer Entstehung geben.

Eines unserer Hauptergebnisse wollen wir unserer Darstellung voranschicken. Die Neurosen haben nicht wie z. B. die Infektionskrankheiten spezifische Krankheitsursachen. Es wäre müßig, bei ihnen nach Krankheitserregern zu suchen. Sie sind durch fließende Übergänge mit der sogenannten Norm verbunden, und anderseits gibt es kaum einen als normal anerkannten Zustand, in dem nicht Andeutungen neurotischer Züge nachweisbar wären. Die Neurotiker bringen ungefähr die gleichen Anlagen mit wie andere Menschen, sie erleben das nämliche, sie haben keine anderen Aufgaben zu erledigen. Warum also leben sie um soviel schlechter und schwieriger und leiden dabei an mehr Unlustempfindungen, Angst und Schmerzen?

Die Antwort auf diese Frage brauchen wir nicht schuldig zu bleiben. Es sind quantitative *Disharmonien*, die für die Unzulänglichkeit und für die Leiden der Neurotiker verantwortlich zu machen sind. Die Verursachung aller Gestaltungen des menschlichen Seelenlebens ist ja in der Wechselwirkung von mitgebrachten Dispositionen und akzidentellen Erlebnissen zu suchen. Nun mag ein bestimmter Trieb zu stark oder zu schwach angelegt sein, eine bestimmte Fähigkeit verkümmert oder im Leben nicht genügend ausgebildet, — anderseits können die äußeren Eindrücke und Erlebnisse verschieden starke Anforderungen an die einzelnen Menschen stellen, und was die Konstitution des einen noch bewältigen kann, mag für den anderen eine allzu schwere Aufgabe sein. Die quantitativen Differenzen werden die Verschiedenheit des Ausgangs bedingen.

Wir werden uns aber sehr bald sagen, diese Erklärung sei nicht befriedigend. Sie ist zu allgemein, sie erklärt zuviel. Die angegebene Ätiologie gilt für alle Fälle von seelischem Leid, Elend und Lähmung, aber nicht alle solchen Zustände können neurotisch genannt werden. Die Neurosen haben spezifische Charaktere, sie sind ein Elend besonderer Art. So werden wir also doch erwarten müssen, spezifische Ursachen für sie zu finden, oder wir können uns die Vorstellung bilden, daß unter den Aufgaben, die das Seelenleben bewältigen soll, einige sind, an denen es besonders leicht scheitert, so daß sich die Besonderheit der oft sehr merkwürdigen neurotischen Phänomene daraus ableiten ließe, ohne daß wir unsere vorigen Behauptungen zu widerrufen brauchten. Wenn es richtig bleibt, daß die Neurosen sich in nichts Wesentlichem von der Norm entfernen, so verspricht ihr Studium, uns wertvolle Beiträge zur Kenntnis dieser Norm zu liefern. Wir werden dabei vielleicht die »schwachen Punkte« einer normalen Organisation entdecken.

Unsere obige Vermutung bestätigt sich. Die analytischen Erfahrungen lehren uns, daß es wirklich einen Triebanspruch gibt, dessen Bewältigung am ehesten mißlingt oder nur unvollkommen gelingt, und eine Lebenszeit, die für die Entstehung einer Neurose ausschließlich oder vorwiegend in Betracht kommt. Die beiden Momente Triebnatur und Lebenszeit verlangen gesonderte Betrachtung, obwohl sie genug miteinander zu tun haben.

Über die Rolle der Lebenszeit können wir uns mit ziemlicher Sicherheit äußern. Es scheint, daß Neurosen nur in der ersten Kindheit (bis zum 6. Jahr) erworben werden, wenn auch ihre Symptome erst viel später zum Vorschein kommen mögen. Die Kindheitsneurose mag für kurze Zeit manifest werden oder selbst übersehen werden. Die spätere neurotische Erkrankung knüpft in allen Fällen an das Vorspiel in der Kindheit an. Vielleicht macht die sogenannte traumatische Neurose (durch überstarken Schreck, schwere somatische Erschütterungen, wie Eisenbahnzusammenstoß, Verschüttung u. dgl.) hiervon eine Ausnahme; ihre Beziehungen zur infantilen Bedingung haben sich bisher der Untersuchung entzogen. Die ätiologische Bevorzugung der ersten Kindheitsperiode ist leicht zu begründen. Die Neurosen sind, wie wir wissen, Affektionen des Ichs, und es ist nicht zu verwundern, daß das Ich, solange es schwach, unfertig und widerstandsunfähig ist, an der Bewältigung von Aufgaben scheitert, die es späterhin spielend erledigen könnte. (Die Triebansprüche von innen wie die Erregungen von der Außenwelt wirken dann als »Traumen«, besonders wenn ihnen gewisse Dispositionen entgegenkommen.) Das hilflose Ich erwehrt sich ihrer durch Fluchtversuche *(Verdrängungen),* die sich später als unzweckmäßig herausstellen und dauernde Einschränkungen für die weitere Entwicklung bedeuten. Die Schädigungen des Ichs durch seine ersten Erlebnisse erscheinen uns unverhältnismäßig groß, aber man braucht zur Analogie nur an den Unterschied des Effekts zu denken, wenn man wie in den Versuchen von *Roux* einen Nadelstich gegen den in Teilung begriffenen Haufen von Keimzellen führt, anstatt gegen das fertige Tier, das sich später daraus entwickelt hat. Keinem menschlichen Individuum werden solche traumatischen Erlebnisse erspart, keines wird der durch sie angeregten Verdrängungen enthoben. Diese bedenklichen Reaktionen des Ichs sind vielleicht unentbehrlich für die Erreichung eines anderen Ziels, das derselben Lebenszeit gesteckt ist. Der kleine Primitive soll in wenigen Jahren ein zivilisiertes Menschenkind geworden sein, ein ungeheuer langes Stück der menschlichen Kulturentwicklung in fast unheimlicher Verkürzung durchgemacht haben. Dies wird durch hereditäre Disposition ermöglicht, kann aber fast niemals die Nachhilfe der Erziehung, des Elterneinflusses, entbehren, die als Vorläufer des Über-Ichs die Aktivität des Ichs durch Verbote und Strafen einschränkt und die Vornahme von Verdrängungen begünstigt oder erzwingt. Somit darf man nicht vergessen, auch den Kultureinfluß unter die Bedingungen der Neurose aufzunehmen. Der Barbar, erkennen wir, hat es leicht, gesund zu sein, für den Kulturmenschen ist es eine schwere Aufgabe. Die Sehnsucht nach einem starken, ungehemmten Ich mögen wir begreiflich finden; wie uns die gegenwärtige Zeit lehrt, ist sie im tiefsten Sinn kulturfeindlich. Und da die Kulturforderungen durch die Erziehung in der Familie vertreten werden, müssen wir auch dieses biologischen Charakters der Menschenart, der verlängerten Periode kindlicher Abhängigkeit, in der Ätiologie der Neurosen gedenken.

Was den anderen Punkt, das spezifische Triebmoment anbelangt, so entdecken wir hier eine interessante Dissonanz zwischen Theorie und Erfahrung. Theoretisch besteht kein Einwand gegen die Annahme, jeder beliebige Triebanspruch könne zu den gleichen Verdrängungen mit ihren Folgen Anlaß geben; unsere Beobachtung zeigt uns aber regelmäßig, soweit wir es beurteilen können, daß die Erregungen, denen diese pathogene Rolle zukommt, von Partialtrieben des Sexuallebens herrühren. Die Symptome der Neurosen sind durchweg, man möchte sagen, entweder Ersatzbefriedigung irgendeines sexuellen Strebens oder Maßnahmen zu ihrer Verhinderung, in der Regel Kompromisse von beiden, wie sie nach den für das Unbewußte geltenden Gesetzen zwischen Gegensätzen zustande kommen. Die Lücke in unserer Theorie ist derzeit nicht auszufüllen; die Entscheidung wird dadurch erschwert, daß die meisten Strebungen des Sexuallebens nicht rein erotischer Natur sind, sondern aus Legierungen von erotischen mit Anteilen des Destruktionstriebs hervorgegangen. Es kann aber keinem Zweifel unterliegen, daß die Triebe, welche sich physiologisch als Sexualität kundgeben, eine hervorragende, unerwartet große Rolle in der Verursachung der Neurosen spielen; ob eine ausschließliche, bleibe dahingestellt. Man muß auch in Erwägung ziehen, daß keine andere Funktion im Laufe der Kulturentwicklung eine so energische und so weitgehende Zurückweisung erfahren hat wie gerade die sexuelle. Die Theorie wird sich mit einigen Hinweisen begnügen müssen, welche einen tieferen Zusammenhang verraten: daß die erste Kindheitsperiode, während der sich das Ich aus dem Es zu differenzieren beginnt, auch die Zeit der sexuellen Frühblüte ist, der die Latenzzeit ein Ende macht, daß es kaum zufällig ist, wenn diese bedeutungsvolle Vorzeit später der infantilen Amnesie verfällt, und endlich, daß biologische Veränderungen im Sexualleben wie eben der zweizeitige Ansatz der Funktion, der Verlust des Charakters der Periodizität in der sexuellen Erregtheit und die Wandlung im Verhältnis der weiblichen Menstruation zur männlichen Erregung, daß diese Neuerungen in der Sexualität sehr bedeutungsvoll für die Entwicklung vom Tier zum Menschen gewesen sein müssen. Zukünftiger Wissenschaft bleibt es vorbehalten, die jetzt noch isolierten Daten zu einer neuen Einsicht zusammenzusetzen. Es ist nicht die Psychologie, sondern die Biologie, die hier eine Lücke zeigt. Wir haben vielleicht nicht unrecht, wenn wir sagen, der schwache Punkt in der Organisation des Ichs läge in seinem Verhalten zur Sexualfunktion, als hätte sich der biologische Gegensatz zwischen Selbsterhaltung und Arterhaltung hier einen psychologischen Ausdruck geschaffen.

Wenn die analytische Erfahrung uns von der vollen Richtigkeit der oft gehörten Behauptung überzeugt hat, das Kind sei psychologisch der Vater des Erwachsenen und die Erlebnisse seiner ersten Jahre seien von unübertroffener Bedeutung für sein ganzes späteres Leben, so wird es ein besonderes Interesse für uns haben, wenn es etwas gibt, was man als das zentrale Erlebnis dieser Kindheitsperiode bezeichnen darf. Unsere Aufmerksamkeit wird zunächst von den Wirkungen gewisser Einflüsse angezogen, die nicht alle Kinder betreffen, obwohl sie häufig genug vorkommen, wie der sexuelle Mißbrauch von Kindern durch Erwachsene, ihre Verführung durch andere, wenig ältere Kinder (Geschwister) und, unerwartet genug, ihr Ergriffensein durch die Teilnahme als Ohren- und Augenzeugen an sexuellen Vorgängen zwischen Erwachsenen (den Eltern) meist zu einer Zeit, da man ihnen weder Interesse noch Verständnis für solche Eindrücke zutraut, noch die Fähigkeit, sich später an sie zu erinnern. Es ist leicht, festzustellen, in welchem Ausmaß die sexuelle Empfänglichkeit des Kindes durch solche Erlebnisse geweckt und sein eigenes Sexualstreben in bestimmte Bahnen gedrängt wird, die es nicht wieder verlassen kann. Da diese Eindrücke entweder sofort oder sobald sie als Erinnerung wiederkehren wollen, der Verdrängung verfallen, stellen sie die Bedingung für den neurotischen Zwang her, der es dem Ich später unmöglich machen wird, die Sexualfunktion zu beherrschen, und es wahrscheinlich veranlassen wird, sich dauernd von ihr abzuwenden. Die letztere Reaktion wird eine Neurose zur Folge haben; wenn sie ausbleibt, werden sich mannigfache Perversionen entwickeln oder eine volle Unbotmäßigkeit der nicht nur für die Fortpflanzung, sondern auch für die ganze Lebensgestaltung so unermeßlich wichtigen Funktion.

So lehrreich solche Fälle auch sein mögen, unser Interesse gebührt in noch höherem Grade dem Einfluß einer Situation, die allen Kindern durchzumachen bestimmt ist und die sich notwendig aus dem Moment der verlängerten Kinderpflege und des Zusammenlebens mit den Eltern ableitet. Ich meine den *Ödipuskomplex,* so genannt, weil sein wesentlicher Inhalt in der griechischen Sage vom König *Ödipus* wiederkehrt, deren Darstellung durch einen großen Dramatiker uns zum Glück erhalten geblieben ist. Der griechische Held tötet seinen Vater und nimmt seine Mutter zum Weib. Daß er es unwissentlich tut, indem er die beiden nicht als seine Eltern kennt, ist eine Abweichung vom analytischen Sachverhalt, die wir leicht verstehen, ja als notwendig anerkennen werden.

Wir müssen hier die Entwicklung von Knabe und Mädchen — Mann und Weib — gesondert beschreiben, denn nun gewinnt der Geschlechtsunterschied seinen ersten psychologischen Ausdruck. In großer Rätselhaftigkeit erhebt sich vor uns die biologische Tatsache der Zweiheit der Geschlechter, ein Letztes für unsere Kenntnis, jeder Zurückführung auf anderes trotzend. Die Psychoanalyse hat nichts zur Klärung dieses Problems beizutragen, es gehört offenbar ganz der Biologie an. Im Seelenleben finden wir nun Reflexe jenes großen Gegensatzes, deren Deutung durch die längst geahnte Tatsache erschwert wird, daß kein Einzelwesen sich auf die Reaktionsweisen eines einzigen Geschlechts einschränkt, sondern stets denen des entgegengesetzten einen gewissen Raum läßt, gerade wie sein Körper neben den ausgebildeten Organen des einen Geschlechts auch die verkümmerten, oft nutzlos gewordenen Rudimente des anderen mit sich trägt. Zur Unterscheidung des Männlichen vom Weiblichen im Seelenleben dient uns eine offenbar ungenügend empirische und konventionelle Gleichstellung. Wir heißen alles, was stark und aktiv ist, männlich, was schwach und passiv ist, weiblich. Diese Tatsache auch der psychologischen Bisexualität belastet alle unsere Ermittlungen, erschwert ihre Beschreibung.

Das erste erotische Objekt des Kindes ist die ernährende Mutterbrust, die Liebe entsteht in Anlehnung an das befriedigte Nahrungsbedürfnis. Die Brust wird anfangs gewiß nicht von dem eigenen Körper unterschieden, wenn sie vom Körper abgetrennt, nach »außen« verlegt werden muß, weil sie so häufig vom Kind vermißt wird, nimmt sie als »Objekt« einen Teil der ursprünglich narzißtischen Libidobesetzung mit sich. Dies erste Objekt vervollständigt sich später zur Person der Mutter, die nicht nur nährt, sondern auch pflegt und so manche andere, lustvolle wie unlustige, Körperempfindungen beim Kind hervorruft. In der Körperpflege wird sie zur ersten Verführerin des Kindes. In diesen beiden Relationen wurzelt die einzigartige, unvergleichliche, fürs ganze Leben unabänderlich festgelegte Bedeutung der Mutter als erstes und stärkstes Liebesobjekt, als Vorbild aller späteren Liebesbeziehungen — bei beiden Geschlechtern. Hierbei hat die phylogenetische Begründung so sehr die Oberhand über das persönliche akzidentelle Erleben, daß es keinen Unterschied macht, ob das Kind wirklich an der Brust gesaugt hat oder mit der Flasche genährt wurde und nie die Zärtlichkeit der Mutterpflege genießen konnte. Seine Entwicklung geht in beiden Fällen die gleichen Wege, vielleicht wächst im letzteren die spätere Sehnsucht um so höher. Und so lange auch das Kind an der Mutterbrust genährt wurde, es wird immer nach der Entwöhnung die Überzeugung mit sich nehmen, es sei zu kurz und zu wenig gewesen.

Diese Einleitung ist nicht überflüssig, sie kann uns das Verständnis für die Intensität des Ödipuskomplexes schärfen. Wenn der Knabe (von 2 bis 3 Jahren an) in die phallische Phase seiner Libidoentwicklung eingetreten ist, lustvolle Empfindungen von seinem Geschlechtsglied empfängt und gelernt hat, sich diese durch manuelle Reizung nach Belieben zu verschaffen, wird er zum Liebhaber der Mutter. Er wünscht, sie körperlich zu besitzen in den Formen, die er durch seine Beobachtungen und Ahnungen vom Sexualleben erraten hat, sucht sie zu verführen, indem er ihr sein männliches Glied zeigt, auf dessen Besitz er stolz ist. Mit einem Wort: seine früherwachte Männlichkeit sucht den Vater bei ihr zu ersetzen, der ohnehin bisher sein beneidetes Vorbild gewesen war infolge der körperlichen Stärke, die er an ihm wahrnimmt, und der Autorität, mit der er ihn bekleidet findet. Jetzt ist der Vater sein Rivale, der ihm im Wege steht und den er aus dem Weg räumen möchte. Wenn er während einer Abwesenheit des Vaters das Bett der Mutter teilen durfte, aus dem er nach der Rückkehr des Vaters wieder verbannt wird, bedeuten ihm die Befriedigung beim Verschwinden des Vaters und die Enttäuschung bei seinem Wiederauftauchen tiefgreifende Erlebnisse. Dies ist der Inhalt des Ödipuskomplexes, den die griechische Sage aus der Phantasiewelt des Kindes in vorgebliche Realität übersetzt hat. In unseren kulturellen Verhältnissen wird ihm regelmäßig ein schreckhaftes Ende bereitet.

Die Mutter hat sehr wohl verstanden, daß die sexuelle Erregung des Knaben ihrer eigenen Person gilt. Irgendeinmal besinnt sie sich darauf, daß es nicht recht ist, sie gewähren zu lassen. Sie glaubt das Richtige zu tun, wenn sie ihm die manuelle Beschäftigung mit seinem Glied verbietet. Das Verbot nützt wenig, bringt höchstens eine Modifikation in der Art der Selbstbefriedigung zustande. Endlich greift die Mutter zum schärfsten Mittel, sie droht, daß sie ihm das Ding wegnehmen wird, mit dem er ihr trotzt. Gewöhnlich schiebt sie die Ausführung der Drohung dem Vater zu, um sie schreckhafter und glaubwürdiger zu machen. Sie wird es dem Vater sagen, und er wird das Glied abschneiden. Merkwürdigerweise wirkt diese Drohung nur, wenn auch vorher und nachher eine andere Bedingung erfüllt ist. An sich erscheint es dem Knaben allzu unvorstellbar, daß etwas Derartiges geschehen könnte. Aber wenn er sich bei dieser Drohung an den Anblick eines weiblichen Genitales erinnern kann oder kurz nachher ein solches Genitale zu

Gesicht bekommt, ein Genitale, dem dies über alles geschätzte Stück fehlt, dann glaubt er an den Ernst dessen, was er gehört hat, und erlebt, indem er unter den Einfluß des *Kastrations-komplexes* gerät, das stärkste Trauma seines jungen Lebens[1].

Die Wirkungen der Kastrationsdrohung sind mannigfaltig und unübersehbar, sie betreffen alle Beziehungen des Knaben zu Vater und Mutter, späterhin zu Mann und Weib überhaupt. Meist hält die Männlichkeit des Kindes dieser ersten Erschütterung nicht stand. Um sein Geschlechtsglied zu retten, verzichtet er mehr oder weniger vollständig auf den Besitz der Mutter, häufig bleibt sein Geschlechtsleben für alle Zeit von dem Verbot belastet. Wenn eine starke feminine Komponente, wie wir es ausdrücken, bei ihm vorhanden ist, gewinnt sie durch die Erschütterung der Männlichkeit an Stärke. Er gerät in eine passive Einstellung zum Vater, wie er sie der Mutter zuschreibt. Er hat zwar infolge der Drohung die Masturbation aufgegeben, aber nicht die sie begleitende Phantasietätigkeit. Diese wird vielmehr, da sie jetzt die einzige ihm verbliebene Form der sexuellen Befriedigung ist, mehr als vorhin gepflegt werden, und in solchen Phantasien wird er sich zwar noch immer mit dem Vater, aber auch gleichzeitig und vielleicht vorwiegend mit der Mutter indentifizieren. Abkömmlinge und Umwandlungsprodukte dieser frühen Onaniephantasien pflegen sich Einlaß in sein späteres Ich zu verschaffen und werden Anteil an seiner Charakterbildung bekommen. Unabhängig von solcher Förderung seiner Weiblichkeit werden Angst vor dem Vater und Haß gegen ihn eine große Steigerung erfahren. Die Männlichkeit des Knaben zieht sich gleichsam in eine Trotzstellung zum Vater zurück, die sein späteres Verhalten in der menschlichen Gemeinschaft zwangsmäßig beherrschen wird. Als Rest der erotischen Fixierung an die Mutter stellt sich oft eine übergroße Abhängigkeit von ihr her, die sich später als Hörigkeit gegen das Weib fortsetzen wird. Er getraut sich nicht mehr, die Mutter zu lieben, aber er kann es nicht riskieren, nicht von ihr geliebt zu werden, denn dann ist er in Gefahr, von ihr an den Vater verraten und der Kastration ausgeliefert zu werden. Das ganze Erlebnis mit all seinen Vorbedingungen und Folgen, von denen unsere Darstellung nur

---

1 Die Kastration fehlt auch in der Ödipus-Sage nicht, denn die Blendung, durch die sich Ödipus nach der Aufdeckung seines Verbrechens bestraft, ist nach dem Zeugnis der Träume ein symbolischer Ersatz der Kastration. Daß an der außerordentlichen Schreckwirkung der Drohung eine phylogenetische Erinnerungsspur mitschuldig ist an die Vorzeit der prähistorischen Familie, da der eifersüchtige Vater den Sohn wirklich des Genitales beraubte, wenn er ihm als Rivale beim Weib lästig wurde, ist nicht auszuschließen. Die uralte Sitte der Beschneidung, ein anderer Symbolersatz der Kastration, läßt sich nur verstehen als Ausdruck der Unterwerfung unter den Willen des Vaters. (Siehe die Pubertätsriten der Primitiven.) Wie sich der oben beschriebene Ablauf bei den Völkern und in den Kulturen gestaltet, die die kindliche Masturbation nicht unterdrücken, ist noch nicht untersucht worden.

eine Auswahl geben konnte, verfällt einer höchst energischen Verdrängung, und wie es die Gesetze des unbewußten Es gestatten, bleiben alle miteinander widerstreitenden Gefühlsregungen und Reaktionen, die damals aktiviert wurden, im Unbewußten erhalten und bereit, die spätere Ichentwicklung nach der Pubertät zu stören. Wenn der somatische Prozeß der sexuellen Reifung die alten anscheinend überwundenen Libidofixierungen neu belebt, wird sich das Sexualleben gehemmt erweisen, uneinheitlich, in einander widerstreitende Strebungen zerfallen.

Gewiß hat der Eingriff der Kastrationsdrohung in das keimende Sexualleben des Knaben nicht immer diese gefürchteten Folgen. Es wird wiederum von quantitativen Beziehungen abhängen, wieviel Schaden angerichtet und wieviel verhütet wird. Die ganze Begebenheit, in der man wohl das zentrale Erlebnis der Kinderjahre erblicken darf, das größte Problem der Frühzeit und die stärkste Quelle späterer Unzulänglichkeit, wird so gründlich vergessen, daß dessen Rekonstruktion in der analytischen Arbeit auf den entschiedensten Unglauben des Erwachsenen stößt. Ja die Abwendung geht so weit, daß man jede Erwähnung des verpönten Gegenstandes zum Schweigen bringen will und in seltsamer intellektueller Verblendung die nächstliegenden Mahnungen an denselben verkennt. So hat man den Einwand hören können, die Sage vom König Ödipus habe eigentlich nichts mit der Konstruktion der Analyse zu tun, es sei ein ganz anderer Fall, denn Ödipus habe ja nicht gewußt, daß es sein Vater sei, den er getötet, und seine Mutter, die er geheiratet habe. Man übersieht dabei nur, daß eine solche Entstellung unerläßlich ist, wenn eine poetische Gestaltung des Stoffes versucht wird, und daß sie nichts Fremdes einträgt, sondern nur die im Thema gegebenen Momente geschickt verwertet. Die Unwissenheit des Ödipus ist die legitime Darstellung der Unbewußtheit, in die für den Erwachsenen das ganze Erlebnis versunken ist, und der Zwang des Orakels, der den Helden schuldlos macht oder schuldlos machen sollte, die Anerkennung der Unerläßlichkeit des Schicksals, das alle Söhne verurteilt hat, den Ödipuskomplex zu durchleben. Als ein andermal von psychoanalytischer Seite darauf aufmerksam gemacht wurde, wie leicht sich das Rätsel eines anderen Helden der Dichtung, des von *Shakespeare* geschilderten Zauderers *Hamlet*, durch die Verweisung auf den Ödipuskomplex lösen läßt, da der Prinz ja an der Aufgabe scheitert, an einem anderen zu strafen, was sich mit dem Inhalt seiner eigenen Ödipuswünsche deckt, da zeigte die allgemeine Verständnislosigkeit der literarischen Welt, wie sehr die Masse der Menschen bereit war, an ihren infantilen Verdrängungen festzuhalten[1].

48

Und doch hatte mehr als ein Jahrhundert vor dem Auftauchen der Psychoanalyse der Franzose *Diderot* die Bedeutung des Ödipuskomplexes bezeugt, indem er den Unterschied zwischen Urzeit und Kultur in dem Satz ausdrückte: Si le petit sauvage était abandonné à luimême qu'il conserva toute son imbécillité, et qu'il réunit au peu de raison de l'enfant au berceau la violence des passions de l'homme de trente ans, il tordrait le cou à son père et coucherait avec sa mère. Ich getraue mich zu sagen, wenn die Psychoanalyse sich keiner anderen Leistung rühmen könnte als der Aufdeckung des verdrängten Ödipuskomplexes, dies allein würde ihr den Anspruch geben, unter die wertvollen Neuerwerbungen der Menschheit eingereiht zu werden.

Die Wirkungen des Kastrationskomplexes sind beim kleinen Mädchen einförmiger, doch nicht weniger tiefgreifend. Das weibliche Kind hat natürlich nicht zu befürchten, daß es den Penis verlieren wird, es muß aber darauf reagieren, daß es ihn nicht bekommen hat. Von Anfang an beneidet es den Knaben um seinen Besitz, man kann sagen, seine ganze Entwicklung vollzieht sich im Zeichen des Penisneides. Es macht zunächst vergebliche Versuche, es dem Knaben gleichzutun, und später mit besserem Erfolg Bemühungen, sich für ihren Defekt zu entschädigen, die endlich zur normalen weiblichen Einstellung führen können. Wenn es in der phallischen Phase versucht, sich wie der Knabe durch manuelle Reizung des Genitales Lust zu verschaffen, erzielt es oft keine ihm genügende Befriedigung, und dehnt das Urteil der Minderwertigkeit von seinem verkümmerten Penis auf seine ganze Person aus. In der Regel gibt es die Masturbation bald auf, weil es nicht an die Überlegenheit des Bruders oder Gespielen gemahnt werden will, und wendet sich überhaupt von der Sexualität ab.

Wenn das kleine Weib bei ihrem ersten Wunsch beharrt, ein »Bub« zu werden, so wird sie im extremen Fall als manifeste Homosexuelle enden, sonst in ihrer späteren Lebensführung ausgeprägt männliche Züge zum Ausdruck bringen, einen männlichen Beruf wählen u. dgl. Der andere Weg führt über die Ablösung von der geliebten Mutter, der die Tochter unter dem Einfluß des Penisneides nicht verzeihen kann, daß sie sie so mangelhaft ausgestattet in die Welt geschickt hat. Im Groll darüber gibt sie die Mutter auf und ersetzt sie durch eine andere Person als Liebesobjekt, durch den Vater. Wenn man ein Liebesobjekt verloren hat, so ist die nächstliegende Reaktion, daß man sich

---

1 Der Name *William Shakespeare* ist sehr wahrscheinlich ein Pseudonym, hinter dem sich ein großer Unbekannter verbirgt. Ein Mann, in dem man den Autor der Shakespearischen Dichtungen zu erkennen glaubt, *Edward de Vere, Earl of Oxford*, hatte noch als Knabe einen geliebten und bewunderten Vater verloren und sich völlig von seiner Mutter losgesagt, die sehr bald nach dem Tode ihres Mannes eine neue Ehe eingegangen war.

mit ihm identifiziert, es gleichsam durch Identifizierung von innen her ersetzt. Dieser Mechanismus kommt hier dem kleinen Mädchen zur Hilfe. Die Mutteridentifizierung kann nun die Mutterbindung ablösen. Das Töchterchen setzt sich an die Stelle der Mutter, wie sie in ihren Spielen immer getan hat, will sie beim Vater ersetzen und haßt nun die vorher geliebte Mutter mit zweifacher Motivierung, aus Eifersucht wie aus Kränkung über den versagten Penis. Ihr neues Verhältnis zum Vater mag zunächst den Wunsch zum Inhalt haben, über seinen Penis zu verfügen, es gipfelt aber in dem anderen Wunsch, von ihm ein Kind zum Geschenk zu bekommen. Der Wunsch nach dem Kind ist so an die Stelle des Peniswunsches getreten oder hat sich wenigstens von ihm abgespalten.

Es ist interessant, daß das Verhältnis zwischen Ödipus- und Kastrationskomplex sich beim Weib so ganz anders, ja eigentlich entgegengesetzt gestaltet als beim Mann. Bei letzterem, haben wir gehört, macht die Kastrationsdrohung dem Ödipuskomplex ein Ende, beim Weib erfahren wir, daß es im Gegenteil durch die Wirkung des Penismangels in seinen Ödipuskomplex gedrängt wird. Für das Weib bringt es geringen Schaden, wenn es in seiner femininen Ödipuseinstellung (man hat für sie den Namen »Elektrakomplex« vorgeschlagen) verbleibt. Sie wird dann ihren Mann nach väterlichen Eigenschaften wählen und bereit sein, seine Autorität anzuerkennen. Ihre eigentlich unstillbare Sehnsucht nach dem Besitz eines Penis kann zur Befriedigung kommen, wenn es ihr gelingt, die Liebe zum Organ zur Liebe für den Träger desselben zu vervollständigen, wie es seinerzeit beim Fortschritt von der Mutterbrust zur Mutterperson geschah.

Wenn man die Erfahrung des Analytikers befragt, welche psychische Formationen seiner Patienten sich der Beeinflussung am wenigsten zugänglich erwiesen haben, so wird die Antwort lauten: beim Weib ist es der Peniswunsch, beim Mann die feminine Einstellung zum eigenen Geschlecht, die ja den Penisverlust zur Voraussetzung hat.

DRITTER TEIL

DER THEORETISCHE GEWINN

Achtes Kapitel

DER PSYCHISCHE APPARAT UND DIE AUSSENWELT

Natürlich sind auch alle die allgemeinen Einsichten und Voraussetzungen, die wir in unserem ersten Kapitel aufgeführt haben, durch die mühselige und geduldige Einzelarbeit gewonnen worden, von der wir im vorstehenden Abschnitt ein Beispiel gegeben haben. Es mag uns nun verlocken, zu überschauen, welche Bereicherung unseres Wissens wir durch solche Arbeit erworben und was für Wege für weiteren Fortschritt wir eröffnet haben. Es darf uns dabei auffallen, daß wir so oft genötigt waren, uns über die Grenzen der psychologischen Wissenschaft hinauszuwagen. Die Phänomene, die wir bearbeiteten, gehören nicht nur der Psychologie an, sie haben auch eine organisch-biologische Seite, und dementsprechend haben wir in unseren Bemühungen um den Aufbau der Psychoanalyse auch bedeutsame biologische Funde gemacht und neue biologische Annahmen nicht vermeiden können.

Um aber zunächst bei der Psychologie zu verbleiben: Wir haben erkannt, daß die Abgrenzung der psychischen Norm von der Abnormität wissenschaftlich nicht durchführbar ist, so daß dieser Unterscheidung trotz ihrer praktischen Wichtigkeit nur ein konventioneller Wert zukommt. Wir haben damit das Anrecht begründet, das normale Seelenleben aus seinen Störungen zu verstehen, was nicht gestattet wäre, wenn diese Krankheitszustände, Neurosen und Psychosen, spezifische, nach der Art von Fremdkörpern wirkende Ursachen hätten.

Das Studium einer flüchtigen, harmlosen, ja einer nützlichen Funktion dienenden Seelenstörung während des Schlafes hat uns den Schlüssel zum Verständnis der permanenten und dem Leben schädlichen Seelenerkrankungen in die Hand gegeben. Und nun getrauen wir uns zu behaupten, daß die Bewußtseinspsychologie zum Verständnis der seelischen Normalfunktion nicht besser befähigt war als zu dem des Traumes. Die Daten der bewußten Selbstwahrnehmung, die ihr allein zur Verfügung standen, haben sich überall als unzureichend erwiesen, um die Fülle und Verwicklung der seelischen Vorgänge zu durchschauen, deren Zusammenhänge aufzudecken und so die Bedingungen für deren Störungen zu erkennen.

Unsere Annahme eines räumlich ausgedehnten, zweckmäßig zusammengesetzten, durch die Bedürfnisse des Lebens entwikkelten psychischen Apparates, der nur an einer bestimmten Stelle unter gewissen Bedingungen den Phänomenen des Bewußtseins Entstehung gibt, hat uns in den Stand gesetzt, die Psychologie auf einer ähnlichen Grundlage aufzurichten wie jede andere Naturwissenschaft, z. B. wie die Physik. Hier wie dort besteht die Aufgabe darin, hinter den unserer Wahrnehmung direkt gegebenen Eigenschaften (Qualitäten) des Forschungsobjektes anderes aufzudecken, was von der besonderen Aufnahmefähigkeit unserer Sinnesorgane unabhängiger und dem vermuteten realen Sachverhalt besser angenähert ist. Diesen selbst hoffen wir nicht erreichen zu können, denn wir sehen, daß wir alles, was wir neu erschlossen haben, doch wieder in die Sprache unserer Wahrnehmungen übersetzen müssen, von der wir uns nun einmal nicht freimachen können. Aber dies ist eben die Natur und Begrenztheit unserer Wissenschaft. Es ist, als sagten wir in der Physik: Wenn wir so scharf sehen könnten, würden wir finden, daß der anscheinend feste Körper aus Teilchen von solcher Gestalt, Größe und gegenseitiger Lagerung besteht. Wir versuchen unterdes, die Leistungsfähigkeit unserer Sinnesorgane durch künstliche Hilfsmittel aufs äußerste zu steigern, aber man darf erwarten, daß alle solche Bemühungen am Endergebnis nichts ändern werden. Das Reale wird immer »unerkennbar« bleiben. Der Gewinn, den die wissenschaftliche Arbeit an unseren primären Sinneswahrnehmungen zutage fördert, wird in der Einsicht in Zusammenhänge und Abhängigkeiten bestehen, die in der Außenwelt vorhanden sind, in der Innenwelt unseres Denkens irgendwie zuverlässig reproduziert oder gespiegelt werden können, und deren Kenntnis uns befähigt, etwas in der Außenwelt zu »verstehen«, es vorauszusehen und möglicherweise abzuändern. Ganz ähnlich verfahren wir in der Psychoanalyse. Wir haben die technischen Mittel gefunden, um die Lücken unserer Bewußtseinsphänomene auszufüllen, deren wir uns also bedienen wie die Physiker des Experiments. Wir erschließen auf diesem Wege eine Anzahl von Vorgängen, die an und für sich »unerkennbar« sind, schalten sie in die uns bewußten ein, und wenn wir z. B. sagen, hier hat eine unbewußte Erinnerung eingegriffen, so heißt das eben: Hier ist etwas für uns ganz Unfaßbares vorgefallen, was aber, wenn es uns zum Bewußtsein gekommen wäre, nur so und so hätte beschrieben werden können.

Mit welchem Recht und mit welchem Grad von Sicherheit

wir solche Schlüsse und Interpolationen vornehmen, das bleibt natürlich in jedem Einzelfall der Kritik unterworfen, und es ist nicht zu leugnen, daß die Entscheidung oft große Schwierigkeiten hat, die im Mangel an Übereinstimmung unter den Analytikern zum Ausdruck kommen. Die Neuheit der Aufgabe ist dafür verantwortlich zu machen, also der Mangel an Schulung, aber auch ein dem Gegenstand anhaftendes besonderes Moment, da es sich in der Psychologie nicht immer wie in der Physik um Dinge handelt, die nur ein kühles wissenschaftliches Interesse erwecken können. So wird man sich nicht zu sehr verwundern, wenn eine Analytikerin, die von der Intensität ihres eigenen Peniswunsches nicht genug überzeugt worden ist, dies Moment auch bei ihren Patienten nicht gehörig würdigt. Aber solche Fehlerquellen aus der persönlichen Gleichung haben am Ende nicht viel zu bedeuten. Liest man alte Handbücher der Mikroskopie, so erfährt man mit Erstaunen, welch außerordentliche Anforderungen an die Persönlichkeit des Beobachters am Instrument damals erhoben wurden, als es noch eine junge Technik war, während heute von alledem nicht mehr die Rede ist.

Wir können uns nicht die Aufgabe stellen, hier ein vollständiges Bild des psychischen Apparats und seiner Leistungen zu entwerfen, fänden uns auch durch den Umstand behindert, daß die Psychoanalyse noch nicht Zeit gehabt hat, alle Funktionen gleichmäßig zu studieren. Wir begnügen uns darum bei einer ausführlichen Wiederholung der Angaben in unserem einleitenden Abschnitt. Den Kern unseres Wesens bildet also das dunkle *Es*, das nicht direkt mit der Außenwelt verkehrt und auch unserer Kenntnis nur durch die Vermittlung einer anderen Instanz zugänglich wird. In diesem Es wirken die organischen *Triebe*, selbst aus Mischungen von zwei Urkräften (Eros und Destruktion) in wechselnden Ausmaßen zusammengesetzt und durch ihre Beziehung zu Organen oder Organsystemen voneinander differenziert. Das einzige Streben dieser Triebe ist nach Befriedigung, die von bestimmten Veränderungen an den Organen mit Hilfe von Objekten der Außenwelt erwartet wird. Aber sofortige und rücksichtslose Triebbefriedigung, wie sie das Es fordert, würde oft genug zu gefährlichen Konflikten mit der Außenwelt und zum Untergang führen. Das Es kennt keine Fürsorge für die Sicherung des Fortbestandes, keine Angst, oder vielleicht sagen wir richtiger, es kann zwar die Empfindungselemente der Angst entwickeln, aber nicht sie verwerten. Die Vorgänge, die an und zwischen den supponierten psychischen Elementen im Es möglich sind *(Primärvorgang)*, unterscheiden sich weitgehend von jenen, die uns durch bewußte Wahrnehmung in unserem intellektuellen und Gefühlsleben bekannt sind, auch gelten für sie nicht die kritischen Einschränkungen der Logik, die einen Anteil dieser Vorgänge als unstatthaft verwirft und rückgängig machen will.

Das Es, von der Außenwelt abgeschnitten, hat seine eigene Wahrnehmungswelt. Es verspürt mit außerordentlicher Schärfe gewisse Veränderungen in seinem Inneren, besonders Schwankungen in der Bedürfnisspannung seiner Triebe, die als Empfindungen der Reihe Lust-Unlust bewußt werden. Es ist freilich schwer, anzugeben, auf welchen Wegen und mit Hilfe welcher sensiblen Endorgane diese Wahrnehmungen zustande kommen. Aber es steht fest, daß die Selbstwahrnehmungen — Allgemeingefühle und Lust-Unlustempfindungen — die Abläufe im Es mit despotischer Gewalt beherrschen. Das Es gehorcht dem unerbittlichen Lustprinzip. Aber nicht nur das Es allein. Es scheint, daß auch die Tätigkeit der anderen psychischen Instanzen das Lustprinzip nur zu modifizieren, aber nicht aufzuheben vermag, und es bleibt eine theoretisch höchst bedeutsame, gegenwärtig noch nicht beantwortete Frage, wann und wie die Überwindung des Lustprinzips überhaupt gelingt. Die Erwägung, daß das Lustprinzip eine Herabsetzung, im Grunde vielleicht ein Erlöschen der Bedürfnisspannungen (*Nirwana*) verlangt, führt zu noch nicht gewürdigten Beziehungen des Lustprinzips zu den beiden Urkräften Eros und Todestrieb.

Die andere psychische Instanz, die wir am besten zu kennen glauben und in der wir am ehesten uns selbst erkennen, das sogenannte *Ich*, hat sich aus der Rindenschicht des Es entwickelt, die durch ihre Einrichtung zur Reizaufnahme und Reizabhaltung in direktem Kontakt mit der Außenwelt (der *Realität*) steht. Es hat von der bewußten Wahrnehmung her immer größere Bezirke und tiefere Schichten des Es seinem Einfluß unterworfen, zeigt in seiner festgehaltenen Abhängigkeit von der Außenwelt den untilgbaren Stempel seiner Herkunft. (Etwa wie: made in Germany.) Seine psychologische Leistung besteht darin, daß es die Abläufe im Es auf ein höheres dynamisches Niveau hebt (etwa frei bewegliche Energie in gebundene verwandelt, wie sie dem vorbewußten Zustand entspricht); seine konstruktive, daß es zwischen Triebanspruch und Befriedigungshandlung die Denktätigkeit einschaltet, die nach Orientierung in der Gegenwart und Verwertung früherer Erfahrungen durch Probehandlungen den Erfolg der beabsichtigten Unternehmungen zu erraten sucht. Das Ich trifft auf diese Weise die Entscheidung, ob der Versuch zur Befriedigung ausgeführt oder verschoben werden soll oder ob der Anspruch des Triebes nicht überhaupt als gefährlich unterdrückt werden muß *(Realitätsprinzip).* Wie das Es ausschließlich auf Lustgewinn ausgeht, so ist das Ich von der Rücksicht auf Sicherheit beherrscht.

Das Ich hat sich die Aufgabe der Selbsterhaltung gestellt, die das Es zu vernachlässigen scheint. Es bedient sich der Angstsensationen als eines Signals, das seiner Integrität drohende Gefahren anzeigt. Da Erinnerungsspuren ebenso bewußt werden können wie Wahrnehmungen, besonders durch ihre Assoziation mit Sprachresten, besteht hier die Möglichkeit einer Verwechslung, die zur Verkennung der Realität führen würde. Das Ich schützt sich gegen sie durch die Einrichtung der *Realitätsprüfung,* die im Traum nach den Bedingungen des Schlafzustandes entfalten darf. Gefahren drohen dem Ich, daß sich in einer Umgebung von übermächtigen mechanischen Gewalten behaupten will, in erster Linie von der äußeren Realität her, aber nicht allein von dort. Das eigene Es ist eine Quelle ähnlicher Gefahren, und zwar mit zwei verschiedenen Begründungen. Erstens können übergroße Triebstärken das Ich in ähnlicher Weise schädigen wie die übergroßen »Reize« der Außenwelt. Sie können es zwar nicht vernichten, wohl aber die ihm eigene dynamische Organisation zerstören, das Ich wiederum in einen Teil des Es verwandeln. Zweitens mag die Erfahrung das Ich gelehrt haben, daß die Befriedigung eines an sich nicht unerträglichen Triebanspruches Gefahren in der Außenwelt mit sich bringen würde, so daß solcher Art der Triebanspruch selbst zur Gefahr wird. Das Ich kämpft also auf zwei Fronten, es hat sich seiner Existenz zu wehren gegen eine mit Vernichtung drohende Außenwelt wie gegen eine allzu anspruchsvolle Innenwelt. Es wendet die gleichen Methoden der Verteidigung gegen beide an, aber die Abwehr des inneren Feindes ist in besonderer Weise unzulänglich. Infolge der ursprünglichen Identität und des späterhin innigsten Zusammenlebens gelingt es schwer, den inneren Gefahren zu entfliehen. Sie verbleiben als Drohungen, auch wenn sie zeitweilig niedergehalten werden können.

Wir haben gehört, daß das schwache und unfertige Ich der ersten Kindheitsperiode dauernd geschädigt wird durch die Anstrengungen, die ihm auferlegt werden, um sich der dieser Lebenszeit eigentümlichen Gefahren zu erwehren. Gegen die Gefahren, mit denen die Außenwelt droht, wird das Kind durch die Fürsorge der Eltern geschützt; es büßt für diese Sicherung durch die Angst vor dem *Liebesverlust,* der es den Gefahren der Außenwelt hilflos ausliefern würde. Dieses Moment äußert seinen entscheidenden Einfluß auf den Ausgang des Konfliktes, wenn der Knabe in die Situation des Ödipuskomplexes gerät, in der die urzeitlich verstärkte Bedrohung seines Narzißmus durch die Kastration sich seiner bemächtigt. Durch das Zusammenwirken beider Einflüsse, der aktuellen realen Gefahr und der erinnerten phylogenetisch begründeten, bezwungen, nimmt das Kind seine Abwehrversuche — Verdrängungen —

vor, die, für den Augenblick zweckmäßig, sich psychologisch doch als unzulänglich erweisen, wenn die spätere Neubelebung des Sexuallebens die damals abgewiesenen Triebansprüche verstärkt. Die biologische Betrachtung muß dann erklären, das Ich scheitere an der Aufgabe, die Erregungen der sexuellen Frühzeit zu bewältigen, während seine Unfertigkeit es nicht dazu befähigt. In diesem Zurückbleiben der Ichentwicklung gegen die Libidoentwicklung erkennen wir die wesentliche Bedingung der Neurose und können dem Schluß nicht ausweichen, daß sich die Neurose vermeiden ließe, wenn man dem kindlichen Ich diese Aufgabe ersparte, also das kindliche Sexualleben frei gewähren ließe, wie es bei vielen Primitiven geschieht. Möglicherweise ist die Ätiologie der neurotischen Erkrankungen komplizierter als hier ausgeführt wurde; wir haben dann wenigstens ein wesentliches Stück der ätiologischen Verknotung herausgegriffen. Wir dürfen auch nicht die phylogenetischen Einflüsse vergessen, die irgendwie im Es vertreten sind, in für uns noch nicht faßbaren Formen, und die sicherlich in jener Frühzeit stärker auf das Ich wirken werden als später. Auf der anderen Seite dämmert uns die Einsicht, daß eine so frühzeitig versuchte Eindämmung des Sexualtriebes, eine so entschiedene Parteinahme des jungen Ichs für die Außenwelt im Gegensatz zur Innenwelt, wie sie durch das Verbot der kindlichen Sexualität zustande kommt, nicht ohne Wirkung auf die spätere Kulturbereitschaft des Individuums bleiben kann. Die von direkter Befriedigung abgedrängten Triebansprüche werden genötigt, neue Bahnen einzuschlagen, die zur Ersatzbefriedigung führen, und können während dieser Umwege desexualisiert werden, die Verbindung mit ihren ursprünglichen Triebzielen lockern. Damit greifen wir der Behauptung vor, daß vieles von unserem hochgeschätzten Kulturbesitz auf Kosten der Sexualität, durch Einschränkung sexueller Triebkräfte, erworben wurde.

Wenn wir bisher immer wieder betonen mußten, das Ich verdanke seine Entstehung wie die wichtigsten seiner erworbenen Charaktere der Beziehung zur realen Außenwelt, so haben wir uns vorbereitet, anzunehmen, daß die Krankheitszustände des Ichs, in denen es sich dem Es wiederum am meisten annähert, durch Aufhebung oder Lockerung dieser Außenweltsbeziehung begründet sind. Dazu stimmt es sehr gut, daß uns die klinische Erfahrung lehrt, der Anlaß für den Ausbruch einer Psychose sei entweder, daß die Realität unerträglich schmerzhaft geworden ist, oder daß die Triebe eine außerordentliche Verstärkung gewonnen haben, was bei den rivalisierenden Ansprüchen von Es und Außenwelt an das Ich die gleiche Wirkung erzielen muß. Das Problem der Psychose wäre einfach und durchsichtig, wenn die Ablösung des Ichs von der Realität restlos durchführbar wäre. Aber das scheint nur selten, vielleicht niemals vorzukommen. Selbst von Zuständen, die sich von der Wirklichkeit der Außenwelt so weit entfernt haben wie der einer halluzinatorischen Verworrenheit (Amentia), erfährt man durch die Mitteilung der Kranken nach ihrer Genesung, daß damals in einem Winkel ihrer Seele, wie sie sich ausdrücken, eine normale Person sich verborgen hielt, die den Krankheitsspuk wie ein unbeteiligter Beobachter an sich vorüberziehen ließ. Ich weiß nicht, ob man annehmen darf, es sei allgemein so, aber ich kann über andere, weniger stürmisch verlaufende Psychosen Ähnliches berichten. Ich gedenke eines Falles von chronischer Paranoia, bei dem nach jedem Eifersuchtsanfall ein Traum die korrekte, völlig wahnfreie Darstellung des Anlasses zur Kenntnis des Analytikers brachte. Es ergab sich so der interessante Gegensatz, daß, während wir sonst aus den Träumen des Neurotikers die seinem Wachleben fremde Eifersucht erraten, hier beim Psychotiker der tagsüber herrschende Wahn durch den Traum berichtigt wurde. Wir dürfen wahrscheinlich als allgemein gültig vermuten, was in all solchen Fällen vor sich ginge, sei eine psychische *Spaltung*. Es bildeten sich zwei psychische Einstellungen anstatt einer einzigen, die eine, die der Realität Rechnung trägt, die normale, und eine andere, die unter Triebeinfluß das Ich von der Realität ablöst. Die beiden bestehen nebeneinander. Der Ausgang hängt von ihrer relativen Stärke ab. Ist oder wird die letztere die stärkere, so ist damit die Bedingung der Psychose gegeben. Kehrt sich das Verhältnis um, so ergibt sich eine anscheinende Heilung der Wahnkrankheit. In Wirklichkeit ist sie nur ins Unbewußte zurückgetreten, wie man ja auch aus zahlreichen Beobachtungen erschließen muß, daß der Wahn lange Zeit fertig gebildet lag, ehe er manifest zum Durchbruch kam.

Der Gesichtspunkt, der bei allen Psychosen eine *Ichspaltung* postuliert, könnte nicht soviel Beachtung in Anspruch nehmen, wenn er sich nicht bei anderen Zuständen, die den Neurosen ähnlicher sind, und endlich bei diesen selbst als zutreffend erwiese. Ich habe mich davon zunächst in Fällen von *Fetischismus* überzeugt. Diese Abnormität, die man den Perversionen zurechnen darf, begründet sich bekanntlich darauf, daß der fast immer männliche Patient die Penislosigkeit des Weibes nicht anerkennt, die ihm als Beweis für die Möglichkeit der eigenen Kastration höchst unerwünscht ist. Er verleugnet darum die eigene Sinneswahrnehmung, die ihm den Penismangel am weiblichen Genitale gezeigt hat, und hält an der gegenteiligen Überzeugung fest. Die verleugnete Wahrnehmung ist aber auch nicht ganz ohne Einfluß geblieben; denn er hat doch nicht den Mut, zu behaupten, er habe wirklich einen Penis gesehen, sondern er greift etwas anderes, Körperteil oder Gegenstand, auf und verleiht dem die Rolle des Penis, den er nicht vermissen will. Meist ist es etwas, was er damals beim Anblick des weiblichen Genitales wirklich gesehen hat, oder etwas, was sich zum symbolischen Ersatz des Penis eignet. Nun wäre es unrecht, diesen Vorgang bei der Bildung des Fetisch eine Ichspaltung zu heißen, es ist eine Kompromißbildung mit Hilfe von Verschiebung, wie sie uns vom Traum her bekannt ist. Aber unsere Beobachtungen zeigen uns noch mehr. Die Schöpfung des Fetisch folgte ja aus der Absicht, den Beweis für die Möglichkeit der Kastration zu zerstören, so daß man der Kastrationsangst entgehen kann. Wenn das Weib einen Penis besitzt wie andere Lebewesen, braucht man für den Fortbesitz des eigenen Penis nicht zu zittern. Nun begegnen wir Fetischisten, die die nämliche Kastrationsangst entwickelt haben wie Nichtfetischisten und in derselben Weise auf sie reagieren. In ihrem Benehmen drücken sich also gleichzeitig zwei entgegengesetzte Voraussetzungen aus. Einerseits verleugnen sie die Tatsache ihrer Wahrnehmung, daß sie am weiblichen Genitale keinen Penis gesehen haben, anderseits anerkennen sie den Penismangel des Weibes und ziehen aus ihm die richtigen Schlüsse. Die beiden Einstellungen bestehen das ganze Leben hindurch nebeneinander, ohne sich gegenseitig zu beeinflussen. Das ist, was man eine *Ichspaltung* nennen darf Dieser Sachverhalt läßt uns auch verstehen, daß der Fetischismus so häufig nur partiell ausgebildet ist. Er beherrscht die Objektwahl nicht ausschließlich, sondern läßt Raum für ein mehr oder minder großes Ausmaß von normalem Sexualverhalten, ja er zieht sich selbst manchmal auf eine bescheidene Rolle oder auf eine bloße Andeutung zurück. Die Ablösung des Ichs von der Realität der Außenwelt ist also den Fetischisten niemals vollkommen gelungen.

Man darf nicht glauben, daß der Fetischismus einen Ausnahmefall in bezug auf die Ichspaltung darstellt, er ist nur ein besonders günstiges Studienobjekt dafür. Wir greifen auf die Angabe zurück, daß das kindliche Ich unter der Herrschaft der Realwelt unliebsame Triebansprüche durch die sogenannten Verdrängungen erledigt. Wir ergänzen sie jetzt durch die weitere Feststellung, daß das Ich in der gleichen Lebensperiode oft genug in die Lage kommt, sich einer peinlich empfundenen Zumutung der Außenwelt zu erwehren, was durch die *Verleugnung* der Wahrnehmungen geschieht, die von diesem Anspruch der Realität Kenntnis geben. Solche Verleugnungen fallen sehr häufig vor, nicht nur bei Fetischisten, und wo immer wir in die Lage kommen, sie zu studieren, erweisen sie sich als halbe Maßregeln, unvollkommene Versuche zur Ablösung von der Realität. Die Ablehnung wird jedesmal durch eine Anerkennung ergänzt, es stellen sich immer zwei gegensätzliche voneinander unabhängige Einstellungen her, die den Tatbestand einer Ich-spaltung ergeben. Der Erfolg hängt wiederum davon ab, welche von beiden die größere Intensität an sich reißen kann.

Die Tatsachen der Ichspaltung, die wir hier beschrieben haben, sind nicht so neu und fremdartig, wie sie zumeist erscheinen mögen. Daß in bezug auf ein bestimmtes Verhalten zwei verschiedene Einstellungen im Seelenleben der Person bestehen, einander entgegengesetzt und unabhängig voneinander, ist ja ein allgemeiner Charakter der Neurosen, nur daß dann die eine dem Ich angehört, die gegensätzliche als verdrängt dem Es. Der Unterschied der beiden Fälle ist im wesentlichen ein topischer oder struktureller, und es ist nicht immer leicht, zu entscheiden, mit welcher der beiden Möglichkeiten man es im einzelnen Falle zu tun hat. Die wichtige Gemeinsamkeit beider liegt aber im Folgenden: Was immer das Ich in seinem Abwehrbestreben vornimmt, ob es ein Stück der wirklichen Außenwelt verleugnen oder einen Triebanspruch der Innenwelt abweisen will, niemals ist der Erfolg ein vollkommener, restloser, immer ergeben sich daraus zwei gegensätzliche Einstellungen, von denen auch die unterliegende, schwächere, zu psychischen Weiterungen führt. Es bedarf zum Schlusse nur eines Hinweises darauf, wie wenig von all diesen Vorgängen uns durch bewußte Wahrnehmung bekannt wird.

Neuntes Kapitel

DIE INNENWELT

Wir haben keinen anderen Weg, von einem komplizierten Nebeneinander Kenntnis zu geben, als durch das Nacheinander der Beschreibung, und darum sündigen alle unsere Darstellungen zunächst durch einseitige Vereinfachung, und warten darauf, ergänzt, überbaut und dabei berichtigt zu werden.

Die Vorstellung eines Ichs, das zwischen Es und Außenwelt vermittelt, die Triebansprüche des einen übernimmt, um sie zur Befriedigung zu führen, an dem anderen Wahrnehmungen macht, die es als Erinnerungen verwertet, das auf seine Selbsterhaltung bedacht sich gegen überstarke Zumutungen von beiden Seiten her zur Wehr setzt, dabei in all seinen Entscheidungen von den Weisungen eines modifizierten Lustprinzips geleitet wird, diese Vorstellung trifft eigentlich nur für das Ich bis zum Ende der ersten Kindheitsperiode (um 5 Jahre) zu. Um diese Zeit hat sich eine wichtige Veränderung vollzogen. Ein Stück der Außenwelt ist als Objekt, wenigstens partiell, aufgegeben und dafür (durch Identifizierung) ins Ich aufgenommen, also ein Bestandteil der Innenwelt geworden. Diese neue psychische Instanz setzt die Funktionen fort, die jene Personen der Außenwelt ausgeübt hatten, sie beobachtet das Ich, gibt ihm Befehle, richtet es und droht ihm mit Strafen, ganz wie die Eltern, deren Stelle es eingenommen hat. Wir heißen diese Instanz das *Über-Ich*, empfinden sie in ihren richterlichen Funktionen als unser *Gewissen*. Bemerkenswert bleibt es, daß das Über-Ich häufig eine Strenge entfaltet, zu der die realen Eltern nicht das Vorbild gegeben haben. Auch daß es das Ich nicht nur wegen seiner Taten zur Rechenschaft zieht, sondern ebenso wegen seiner Gedanken und unausgeführten Absichten, die ihm bekannt zu sein scheinen. Wir werden daran gemahnt, daß auch der Held der Ödipussage sich wegen seiner Taten schuldig fühlt und sich einer Selbstbestrafung unterwirft, obwohl doch der Zwang des Orakels ihn in unserem wie im eigenen Urteil schuldfrei sprechen sollte. In der Tat ist das Über-Ich der Erbe des Ödipuskomplexes und wird erst nach der Erledigung desselben eingesetzt. Seine Überstrenge folgt darum nicht einem realen Vorbild, sondern entspricht der Stärke der Abwehr, die gegen die Versuchung des Ödipuskomplexes aufgewendet wurde. Eine Ahnung dieses Sachverhaltes liegt wohl der Behauptung der Philosophen und der Gläubigen zugrunde, daß der moralische Sinn dem Menschen nicht anerzogen oder von ihm im Gemeinschaftsleben erworben wird, sondern ihm von einer höheren Stelle eingepflanzt worden ist.

Solange das Ich im vollen Einvernehmen mit dem Über-Ich arbeitet, ist es nicht leicht, die Äußerungen der beiden zu unterscheiden, aber Spannungen und Entfernungen zwischen ihnen machen sich sehr deutlich bemerkbar. Die Qual der Gewissensvorwürfe entspricht genau der Angst des Kindes vor dem Liebesverlust, die ihm die moralische Instanz ersetzt hatte. Auf der anderen Seite, wenn das Ich einer Versuchung erfolgreich widerstanden hat, etwas zu tun, was dem Über-Ich anstößig wäre, fühlt es sich in seinem Selbstgefühl gehoben und in seinem Stolz bestärkt, als ob es eine wertvolle Erwerbung gemacht hätte. In solcher Art setzt das Über-Ich fort, die Rolle einer Außenwelt für das Ich zu spielen, obwohl es ein Stück Innenwelt geworden ist. Es vertritt für alle späteren Lebenszeiten den Einfluß der Kinderzeit des Individuums, Kinderpflege, Erziehung und Abhängigkeit von den Eltern, der Kinderzeit, die beim Menschen durch das Zusammenleben in Familien so sehr verlängert worden ist. Und damit kommen nicht nur die persönlichen Eigenschaften dieser Eltern zur Geltung, sondern auch alles, was bestimmend auf sie selbst gewirkt hat, die Neigungen und Anforderungen des sozialen Zustandes, in dem sie leben, die Anlagen und Traditionen der Rasse, aus der sie stammen.

Bevorzugt man allgemeine Feststellungen und scharfe Sonderungen, so kann man sagen, die Außenwelt, in der sich der Einzelne nach der Ablösung von den Eltern ausgesetzt finden wird, repräsentiere die Macht der Gegenwart, sein Es mit seinen vererbten Tendenzen, die organische Vergangenheit und das später hinzugekommene Über-Ich, vor allem die kulturelle Vergangenheit, die das Kind in den wenigen Jahren seiner Frühzeit gleichsam nacherleben soll. Solche Allgemeinheiten können nicht leicht allgemein richtig sein. Ein Teil der kulturellen Erwerbungen hat gewiß seinen Niederschlag im Es zurückgelassen; vieles, was das Über-Ich bringt, wird einen Widerhall im Es wecken; manches, was das Kind neu erlebt, wird eine verstärkte Wirkung erfahren, weil es uraltes phylogenetisches Erleben wiederholt. (»Was du ererbt von deinen Vätern hast, erwirb es, um es zu besitzen.«) So nimmt das Über-Ich eine Art von Mittelstellung zwischen Es und Außenwelt ein, es vereinigt in sich die Einflüsse von Gegenwart und Vergangenheit. In der Einsetzung des Über-Ichs erlebt man gleichsam ein Beispiel davon, wie Gegenwart in Vergangenheit umgesetzt wird. —

DAS UNBEHAGEN IN DER KULTUR

I

Man kann sich des Eindrucks nicht erwehren, daß die Menschen gemeinhin mit falschen Maßstäben messen, Macht, Erfolg und Reichtum für sich anstreben und bei anderen bewundern, die wahren Werte des Lebens aber unterschätzen. Und doch ist man bei jedem solchen allgemeinen Urteil in Gefahr, an die Buntheit der Menschenwelt und ihres seelischen Lebens zu vergessen. Es gibt einzelne Männer, denen sich die Verehrung ihrer Zeitgenossen nicht versagt, obwohl ihre Größe auf Eigenschaften und Leistungen beruht, die den Zielen und Idealen der Menge durchaus fremd sind. Man wird leicht annehmen wollen, daß es doch nur eine Minderzahl ist, welche diese großen Männer anerkennt, während die große Mehrheit nichts von ihnen wissen will. Aber es dürfte nicht so einfach zugehen, dank den Unstimmigkeiten zwischen dem Denken und dem Handeln der Menschen und der Vielstimmigkeit ihrer Wunschregungen.

Einer dieser ausgezeichneten Männer nennt sich in Briefen meinen Freund. Ich hatte ihm meine kleine Schrift zugeschickt, welche die Religion als Illusion behandelt, und er antwortete, er wäre mit meinem Urteil über die Religion ganz einverstanden, bedauerte aber, daß ich die eigentliche Quelle der Religiosität nicht gewürdigt hätte. Diese sei ein besonderes Gefühl, das ihn selbst nie zu verlassen pflege, das er von vielen anderen bestätigt gefunden und bei Millionen Menschen voraussetzen dürfe. Ein Gefühl, das er die Empfindung der »Ewigkeit« nennen möchte, ein Gefühl wie von etwas Unbegrenztem, Schrankenlosem, gleichsam »Ozeanischem«. Dies Gefühl sei eine rein subjektive Tatsache, kein Glaubenssatz; keine Zusicherung persönlicher Fortdauer knüpfe sich daran, aber es sei die Quelle der religiösen Energie, die von den verschiedenen Kirchen und Religionssystemen gefaßt, in bestimmte Kanäle geleitet und gewiß auch aufgezehrt werde. Nur auf Grund dieses ozeanischen Gefühls dürfe man sich religiös heißen, auch wenn man jeden Glauben und jede Illusion ablehne.

Diese Äußerung meines verehrten Freundes, der selbst einmal dem Zauber der Illusion poetisch gewürdigt hat, brachte mir nicht geringe Schwierigkeiten[1]. Ich selbst kann dies »ozeanische« Gefühl nicht in mir entdecken. Es ist nicht bequem, Gefühle wissenschaftlich zu bearbeiten. Man kann versuchen, ihre physiologischen Anzeichen zu beschreiben. Wo dies nicht angeht — ich fürchte, auch das ozeanische Gefühl wird sich einer sol-

---

1 Liluli, 1923. — Seit dem Erscheinen der beiden Bücher »La vie de Ramakrishna« und »La vie de Vivekananda« (1930) brauche ich nicht mehr zu verbergen, daß der im Text gemeinte Freund *Romain Rolland* ist.

chen Charakteristik entziehen —, bleibt doch nichts übrig, als sich an den Vorstellungsinhalt zu halten, der sich assoziativ am ehesten zum Gefühl gesellt. Habe ich meinen Freund richtig verstanden, so meint er dasselbe, was ein origineller und ziemlich absonderlicher Dichter seinem Helden als Trost vor dem freigewählten Tod mitgibt: »Aus dieser Welt können wir nicht fallen«[1]. Also ein Gefühl der unauflösbaren Verbundenheit, der Zusammengehörigkeit mit dem Ganzen der Außenwelt. Ich möchte sagen, für mich hat dies eher den Charakter einer intellektuellen Einsicht, gewiß nicht ohne begleitenden Gefühlston, wie er aber auch bei anderen Denkakten von ähnlicher Tragweite nicht fehlen wird. An meiner Person könnte ich mich von der primären Natur eines solchen Gefühls nicht überzeugen. Darum darf ich aber sein tatsächliches Vorkommen bei anderen nicht bestreiten. Es fragt sich nur, ob es richtig gedeutet wird und ob es als »*fons et origo*« aller religiösen Bedürfnisse anerkannt werden soll.

Ich habe nichts vorzubringen, was die Lösung dieses Problems entscheidend beeinflussen würde. Die Idee, daß der Mensch durch ein unmittelbares, von Anfang an hierauf gerichtetes Gefühl Kunde von seinem Zusammenhang mit der Umwelt erhalten sollte, klingt so fremdartig, fügt sich so übel in das Gewebe unserer Psychologie, daß eine psychoanalytische, d. i. genetische Ableitung eines solchen Gefühls versucht werden darf. Dann stellt sich uns folgender Gedankengang zur Verfügung: Normalerweise ist uns nichts gesicherter als das Gefühl unseres Selbst, unseres eigenen Ichs. Dies Ich erscheint uns selbständig, einheitlich, gegen alles andere gut abgesetzt. Daß dieser Anschein ein Trug ist, daß das Ich sich vielmehr nach innen ohne scharfe Grenze in ein unbewußt seelisches Wesen fortsetzt, das wir als Es bezeichnen, dem es gleichsam als Fassade dient, das hat uns erst die psychoanalytische Forschung gelehrt, die uns noch viele Auskünfte über das Verhältnis des Ichs zum Es schuldet. Aber nach außen wenigstens scheint das Ich klare und scharfe Grenzlinien zu behaupten. Nur in einem Zustand, einem außergewöhnlichen zwar, den man aber nicht als krankhaft verurteilen kann, wird es anders. Auf der Höhe der Verliebtheit droht die Grenze zwischen Ich und Objekt zu verschwimmen. Allen Zeugnissen der Sinne entgegen behauptet der Verliebte, daß Ich und Du eines seien, und ist bereit, sich, als ob es so wäre, zu benehmen. Was vorübergehend durch eine physiologische Funktion aufgehoben werden kann, muß natürlich auch durch krankhafte Vorgänge gestört werden können. Die Pathologie lehrt uns eine große Anzahl von Zuständen kennen,

1 D. Chr. *Grabbe,* Hannibal: »Ja, aus der Welt werden wir nicht fallen. Wir sind einmal darin.«

in denen die Abgrenzung des Ichs gegen die Außenwelt unsicher wird, oder die Grenzen wirklich unrichtig gezogen werden; Fälle, in denen uns Teile des eigenen Körpers, ja Stücke des eigenen Seelenlebens, Wahrnehmungen, Gedanken, Gefühle wie fremd und dem Ich nicht zugehörig erscheinen, andere, in denen man der Außenwelt zuschiebt, was offenbar im Ich entstanden ist und von ihm anerkannt werden sollte. Also ist auch das Ichgefühl Störungen unterworfen und die Ichgrenzen sind nicht beständig.

Eine weitere Überlegung sagt: Dies Ichgefühl des Erwachsenen kann nicht von Anfang an so gewesen sein. Es muß eine Entwicklung durchgemacht haben, die sich begreiflicherweise nicht nachweisen, aber mit ziemlicher Wahrscheinlichkeit konstruieren läßt[1]. Der Säugling sondert noch nicht sein Ich von einer Außenwelt als Quelle der auf ihn einströmenden Empfindungen. Er lernt es allmählich auf verschiedene Anregungen hin. Es muß ihm den stärksten Eindruck machen, daß manche der Erregungsquellen, in denen er später seine Körperorgane erkennen wird, ihm jederzeit Empfindungen zusenden können, während andere sich ihm zeitweise entziehen — darunter das Begehrteste: die Mutterbrust — und erst durch ein Hilfe heischendes Schreien herbeigeholt werden. Damit stellt sich dem Ich zuerst ein »Objekt« entgegen, als etwas, was sich »außerhalb« befindet und erst durch eine besondere Aktion in die Erscheinung gedrängt wird. Einen weiteren Antrieb zur Loslösung des Ichs von der Empfindungsmasse, also zur Anerkennung eines »Draußen«, einer Außenwelt, geben die häufigen, vielfältigen, unvermeidlichen Schmerz- und Unlustempfindungen, die das unumschränkt herrschende Lustprinzip aufheben und vermeiden heißt. Es entsteht die Tendenz, alles, was Quelle solcher Unlust werden kann, vom Ich abzusondern, es nach außen zu werfen, ein reines Lust-Ich zu bilden, dem ein fremdes, drohendes Draußen gegenübersteht. Die Grenzen dieses primitiven Lust-Ichs können der Berichtigung durch die Erfahrung nicht entgehen. Manches, was man als lustspendend nicht aufgeben möchte, ist doch nicht Ich, ist Objekt, und manche Qual, die man hinausweisen will, erweist sich doch als unabtrennbar vom Ich, als innerer Herkunft. Man lernt ein Verfahren kennen, wie man durch absichtliche Lenkung der Sinnestätigkeit und geeignete Muskelaktion Innerliches — dem Ich Angehöriges — und Äußerliches — einer Außenwelt Entstammendes — unterscheiden kann, und tut damit den ersten Schritt zur Einsetzung des Realitätsprinzips, das die weitere Entwick-

---

1 S. die zahlreichen Arbeiten über Ichentwicklung und Ichgefühl von *Ferenczi*, Entwicklungsstufen des Wirklichkeitssinnes (1913), bis zu den Beiträgen von *P. Federn* 1926, 1927 und später.

lung beherrschen soll. Diese Unterscheidung dient natürlich der praktischen Absicht, sich der verspürten und der drohenden Unlustempfindungen zu erwehren. Daß das Ich zur Abwehr gewisser Unlusterregungen aus seinem Inneren keine anderen Methoden zur Anwendung bringt, als deren es sich gegen Unlust von außen bedient, wird dann der Ausgangspunkt bedeutsamer krankhafter Störungen.

Auf solche Art löst sich also das Ich von der Außenwelt. Richtiger gesagt: Ursprünglich enthält das Ich alles, später scheidet es eine Außenwelt von sich ab. Unser heutiges Ichgefühl ist also nur ein eingeschrumpfter Rest eines weitumfassenderen, ja — eines allumfassenden Gefühls, welches einer innigeren Verbundenheit des Ichs mit der Umwelt entsprach. Wenn wir annehmen dürfen, daß dieses primäre Ichgefühl sich im Seelenleben vieler Menschen — in größerem oder geringerem Ausmaße — erhalten hat, so würde es sich dem enger und schärfer umgrenzten Ichgefühl der Reifezeit wie eine Art Gegenstück an die Seite stellen, und die zu ihm passenden Vorstellungsinhalte wären gerade die der Unbegrenztheit und der Verbundenheit mit dem All, dieselben, mit denen mein Freund das »ozeanische« Gefühl erläutert. Haben wir aber ein Recht zur Annahme des Überlebens des Ursprünglichen neben dem Späteren, das aus ihm geworden ist?

Unzweifelhaft; ein solches Vorkommnis ist weder auf seelischem noch auf anderen Gebieten befremdend. Für die Tierreihe halten wir an der Annahme fest, daß die höchstentwickelten Arten aus den niedrigsten hervorgegangen sind. Doch finden wir alle einfachen Lebensformen noch heute unter den Lebenden. Das Geschlecht der großen Saurier ist ausgestorben und hat den Säugetieren Platz gemacht; aber ein richtiger Vertreter dieses Geschlechts, das Krokodil, lebt noch mit uns. Die Analogie mag zu entlegen sein, krankt auch an dem Umstand, daß die überlebenden niedrigen Arten zumeist nicht die richtigen Ahnen der heutigen, höher entwickelten sind. Die Zwischenglieder sind in der Regel ausgestorben und nur durch Rekonstruktion bekannt. Auf seelischem Gebiet hingegen ist die Erhaltung des Primitiven neben dem daraus entstandenen Umgewandelten so häufig, daß es sich erübrigt, es durch Beispiele zu beweisen. Meist ist dieses Vorkommen Folge einer Entwicklungsspaltung. Ein quantitativer Anteil einer Einstellung, einer Triebregung, ist unverändert erhalten geblieben, ein anderer hat die weitere Entwicklung erfahren.

Wir rühren hiermit an das allgemeinere Problem der Erhaltung im Psychischen, das kaum noch Bearbeitung gefunden hat, aber so reizvoll und bedeutsam ist, daß wir ihm auch bei unzureichendem Anlaß eine Weile Aufmerksamkeit schenken dürfen.

Seitdem wir den Irrtum überwunden haben, daß das uns geläufige Vergessen eine Zerstörung der Gedächtnisspur, also eine Vernichtung bedeutet, neigen wir zu der entgegengesetzten Annahme, daß im Seelenleben nichts, was einmal gebildet wurde, untergehen kann, daß alles irgendwie erhalten bleibt, und unter geeigneten Umständen, z. B. durch eine so weit reichende Regression wieder zum Vorschein gebracht werden kann. Man versuche sich durch einen Vergleich aus einem anderen Gebiet klarzumachen, was diese Annahme zum Inhalt hat. Wir greifen etwa die Entwicklung der Ewigen Stadt als Beispiel auf[1]. Historiker belehren uns, das älteste Rom war die Roma quadrata, eine umzäunte Ansiedlung auf dem Palatin. Dann folgte die Phase des Septimontium, eine Vereinigung der Niederlassungen auf den einzelnen Hügeln, darauf die Stadt, die durch die Servianische Mauer begrenzt wurde, und noch später, nach all den Umwandlungen der republikanischen und der früheren Kaiserzeit die Stadt, die Kaiser Aurelianus durch seine Mauern umschloß. Wir wollen die Wandlungen der Stadt nicht weiter verfolgen, und uns fragen, was ein Besucher, den wir uns mit den vollkommensten historischen und topographischen Kenntnissen ausgestattet denken, im heutigen Rom von diesen frühen Stadien noch vorfinden mag. Die Aurelianische Mauer wird er bis auf wenige Durchbrüche fast unverändert sehen. An einzelnen Stellen kann er Strecken des Servianischen Walles durch Ausgrabung zutage gefördert finden. Wenn er genug weiß – mehr als die heutige Archäologie –, kann er vielleicht den ganzen Verlauf dieser Mauer und den Umriß der Roma quadrata ins Stadtbild einzeichnen. Von den Gebäuden, die einst diese alten Rahmen ausgefüllt haben, findet er nichts oder geringe Reste, denn sie bestehen nicht mehr. Das Äußerste, was ihm die beste Kenntnis des Roms der Republik leisten kann, wäre, daß er die Stellen anzugeben weiß, wo die Tempel und öffentlichen Gebäude dieser Zeit gestanden haben. Was jetzt diese Stellen einnimmt, sind Ruinen, aber nicht ihrer selbst, sondern ihrer Erneuerungen aus späteren Zeiten nach Bränden und Zerstörungen. Es bedarf kaum noch einer besonderen Erwähnung, daß alle diese Überreste des alten Roms als Einsprengungen in das Gewirr einer Großstadt aus den letzten Jahrhunderten seit der Renaissance erscheinen. Manches Alte ist gewiß noch im Boden der Stadt oder unter ihren modernen Bauwerken begraben. Dies ist die Art der Erhaltung des Vergangenen, die uns an historischen Stätten wie Rom entgegentritt.

Nun machen wir die phantastische Annahme, Rom sei nicht

1 Nach The Cambridge Ancient History, T. VII. 1928. »The founding of Rome« by *Hugh Last*.

eine menschliche Wohnstätte, sondern ein psychisches Wesen von ähnlich langer und reichhaltiger Vergangenheit, in dem also nichts, was einmal zustande gekommen war, untergegangen ist, in dem neben der letzten Entwicklungsphase auch alle früheren noch fortbestehen. Das würde für Rom also bedeuten, daß auf dem Palatin die Kaiserpaläste und das Septimontium des Septimius Severus sich noch zur alten Höhe erheben, daß die Engelsburg noch auf ihren Zinnen die schönen Statuen trägt, mit denen sie bis zur Gotenbelagerung geschmückt war, usw. Aber noch mehr: an der Stelle des Palazzo Caffarelli stünde wieder, ohne daß man dieses Gebäude abzutragen brauchte, der Tempel des Kapitolinischen Jupiter, und zwar dieser nicht nur in seiner letzten Gestalt, wie ihn die Römer der Kaiserzeit sahen, sondern auch in seiner frühesten, als er noch etruskische Formen zeigte und mit tönernen Antifixen geziert war. Wo jetzt das Coliseo steht, könnten wir auch die verschwundene Domus aurea des Nero bewundern; auf dem Pantheonplatze fänden wir nicht nur das heutige Pantheon, wie es uns von Hadrian hinterlassen wurde, sondern auf demselben Grund auch den ursprünglichen Bau des M. Agrippa; ja, derselbe Boden trüge die Kirche Maria sopra Minerva und den alten Tempel, über dem sie gebaut ist. Und dabei brauchte es vielleicht nur eine Änderung der Blickrichtung oder des Standpunktes von seiten des Beobachters, um den einen oder den anderen Anblick hervorzurufen.

Es hat offenbar keinen Sinn, diese Phantasie weiter auszuspinnen, sie führt zu Unvorstellbarem, ja zu Absurdem. Wenn wir das historische Nacheinander räumlich darstellen wollen, kann es nur durch ein Nebeneinander im Raum geschehen; derselbe Raum verträgt nicht zweierlei Ausfüllung. Unser Versuch scheint eine müßige Spielerei zu sein; er hat nur eine Rechtfertigung: er zeigt uns, wie weit wir davon entfernt sind, die Eigentümlichkeiten des seelischen Lebens durch anschauliche Darstellung zu bewältigen.

Zu einem Einwand sollten wir noch Stellung nehmen. Er fragt uns, warum wir gerade die Vergangenheit einer Stadt ausgewählt haben, um sie mit der seelischen Vergangenheit zu vergleichen. Die Annahme der Erhaltung alles Vergangenen gilt auch für das Seelenleben nur unter der Bedingung, daß das Organ der Psyche intakt geblieben ist, daß sein Gewebe nicht durch Trauma oder Entzündung gelitten hat. Zerstörende Einwirkungen, die man diesen Krankheitsursachen gleichstellen könnte, werden aber in der Geschichte keiner Stadt vermißt, auch wenn sie eine minder bewegte Vergangenheit gehabt hat als Rom, auch wenn sie, wie London, kaum je von einem Feind heimgesucht wurde. Die friedlichste Entwicklung einer Stadt

70

schließt Demolierungen und Ersetzungen von Bauwerken ein, und darum ist die Stadt von vornherein für einen solchen Vergleich mit einem seelischen Organismus ungeeignet.

Wir weichen diesem Einwand, wenden uns unter Verzicht auf eine eindrucksvolle Kontrastwirkung zu einem immerhin verwandteren Vergleichsobjekt, wie es der tierische oder menschliche Leib ist. Aber auch hier finden wir das nämliche. Die früheren Phasen der Entwicklung sind in keinem Sinn mehr erhalten, sie sind in den späteren, zu denen sie den Stoff geliefert haben, aufgegangen. Der Embryo läßt sich im Erwachsenen nicht nachweisen, die Thymusdrüse, die das Kind besaß, ist nach der Pubertät durch Bindegewebe ersetzt, aber selbst nicht mehr vorhanden; in den Röhrenknochen des reifen Mannes kann ich zwar den Umriß des kindlichen Knochens einzeichnen, aber dieser selbst ist vergangen, indem er sich streckte und verdickte, bis er seine endgültige Form erhielt. Es bleibt dabei, daß eine solche Erhaltung aller Vorstufen neben der Endgestaltung nur im Seelischen möglich ist, und daß wir nicht in der Lage sind, uns dies Vorkommen anschaulich zu machen.

Vielleicht gehen wir in dieser Annahme zu weit. Vielleicht sollten wir uns begnügen zu behaupten, daß das Vergangene im Seelenleben erhalten bleiben *kann*, nicht *notwendigerweise* zerstört werden muß. Es ist immerhin möglich, daß auch im Psychischen manches Alte — in der Norm oder ausnahmsweise — so weit verwischt oder aufgezehrt wird, daß es durch keinen Vorgang mehr wiederhergestellt und wiederbelebt werden kann, oder daß die Erhaltung allgemein an gewisse günstige Bedingungen geknüpft ist. Es ist möglich, aber wir wissen nichts darüber. Wir dürfen nur daran festhalten, daß die Erhaltung des Vergangenen im Seelenleben eher Regel als befremdliche Ausnahme ist.

Wenn wir so durchaus bereit sind anzuerkennen, es gebe bei vielen Menschen ein »ozeanisches« Gefühl, und geneigt, es auf eine frühe Phase des Ichgefühls zurückzuführen, erhebt sich die weitere Frage, welchen Anspruch hat dieses Gefühl, als die Quelle der religiösen Bedürfnisse angesehen zu werden.

Mir erscheint dieser Anspruch nicht zwingend. Ein Gefühl kann doch nur dann eine Energiequelle sein, wenn es selbst der Ausdruck eines starken Bedürfnisses ist. Für die religiösen Bedürfnisse scheint mir die Ableitung von der infantilen Hilflosigkeit und der durch sie geweckten Vatersehnsucht unabweisbar, zumal da sich dies Gefühl nicht einfach aus dem kindlichen Leben fortsetzt, sondern durch die Angst vor der Übermacht des Schicksals dauernd erhalten wird. Ein ähnlich starkes Bedürfnis aus der Kindheit wie das nach dem Vaterschutz wüßte ich nicht anzugeben. Damit ist die Rolle des ozeanischen Gefühls, das etwa die Wiederherstellung des uneingeschränkten Narzißmus anstreben könnte, vom Vordergrund abgedrängt. Bis zum Gefühl der kindlichen Hilflosigkeit kann man den Ursprung der religiösen Einstellung in klaren Umrissen verfolgen. Es mag noch anderes dahinterstecken, aber das verhüllt einstweilen der Nebel.

Ich kann mir vorstellen, daß das ozeanische Gefühl nachträglich in Beziehungen zur Religion geraten ist. Dies Einssein mit dem All, was als Gedankeninhalt ihm zugehört, spricht uns ja an wie ein erster Versuch einer religiösen Tröstung, wie ein anderer Weg zur Ableugnung der Gefahr, die das Ich als von der Außenwelt drohend erkennt. Ich wiederhole das Bekenntnis, daß es mir sehr beschwerlich ist, mit diesen kaum faßbaren Größen zu arbeiten. Ein anderer meiner Freunde, den ein unstillbarer Wissensdrang zu den ungewöhnlichsten Experimenten getrieben und endlich zum Allwisser gemacht hat, versicherte mir, daß man in den Yogapraktiken durch Abwendung von der Außenwelt, durch Bindung der Aufmerksamkeit an körperliche Funktionen, durch besondere Weisen der Atmung tatsächlich neue Empfindungen und Allgemeingefühle in sich erwecken kann, die er als Regressionen zu uralten, längst überlagerten Zuständen des Seelenlebens auffassen will. Er sieht in ihnen eine sozusagen physiologische Begründung vieler Weisheiten der Mystik. Beziehungen zu manchen dunklen Modifikationen des Seelenlebens, wie Trance und Ekstase, lägen hier nahe. Allein mich drängt es, auch einmal mit den Worten des *Schiller*schen Tauchers auszurufen:

»Es freue sich, wer da atmet im rosigen Licht.«

II

In meiner Schrift »Die Zukunft einer Illusion« handelte es sich weit weniger um die tiefsten Quellen des religiösen Gefühls, als vielmehr um das, was der gemeine Mann unter seiner Religion versteht, um das System von Lehren und Verheißungen, das ihm einerseits die Rätsel dieser Welt mit beneidenswerter Vollständigkeit aufklärt, anderseits ihm zusichert, daß eine sorgsame Vorsehung über sein Leben wachen und etwaige Versagungen in einer jenseitigen Existenz gutmachen wird. Diese Vorsehung kann der gemeine Mann sich nicht anders als in der Person eines großartig erhöhten Vaters vorstellen. Nur ein solcher kann die Bedürfnisse des Menschenkindes kennen, durch seine Bitten erweicht, durch die Zeichen seiner Reue beschwichtigt werden. Das Ganze ist so offenkundig infantil, so wirklichkeitsfremd, daß es einer menschenfreundlichen Gesinnung

schmerzlich wird, zu denken, die große M
lichen werde sich niemals über diese Auffas
heben können. Noch beschämender wirkt
ein großer Anteil der heute Lebenden, die
daß diese Religion nicht zu halten ist, d
von ihr in kläglichen Rückzugsgefechten
Man möchte sich in die Reihen der Gläub
Philosophen, die den Gott der Religion zu retten g
dem sie ihn durch ein unpersönliches, schattenhaft abstraktes
Prinzip ersetzen, die Mahnung vorzuhalten: Du sollst den Namen des Herrn nicht zum Eitlen anrufen! Wenn einige der
größten Geister vergangener Zeiten das gleiche getan haben, so
darf man sich hierin nicht auf sie berufen. Man weiß, warum
sie so mußten.

Wir kehren zum gemeinen Mann und zu seiner Religion zurück, der einzigen, die diesen Namen tragen sollte. Da tritt uns
zunächst die bekannte Äußerung eines unserer großen Dichter
und Weisen entgegen, die sich über das Verhältnis der Religion
zur Kunst und Wissenschaft ausspricht. Sie lautet:

> »Wer Wissenschaft und Kunst besitzt,
> hat auch Religion;
> wer jene beiden nicht besitzt,
> der habe Religion!«[1]

Dieser Spruch bringt einerseits die Religion in einen Gegensatz zu den beiden Höchstleistungen der Menschen, anderseits
behauptet er, daß sie einander in ihrem Lebenswert vertreten
oder ersetzen können. Wenn wir auch dem gemeinen Mann die
Religion bestreiten wollen, haben wir offenbar die Autorität
des Dichters nicht auf unserer Seite. Wir versuchen einen besonderen Weg, um uns der Würdigung seines Satzes zu nähern.
Das Leben, wie es uns auferlegt ist, ist zu schwer für uns, es
bringt uns zuviel Schmerzen, Enttäuschungen, unlösbare Aufgaben. Um es zu ertragen, können wir Linderungsmittel nicht
entbehren. (Es geht nicht ohne Hilfskonstruktionen, hat uns
Theodor *Fontane* gesagt.) Solcher Mittel gibt es vielleicht
dreierlei: mächtige Ablenkungen, die uns unser Elend gering schätzen lassen, Ersatzbefriedigungen, die es verringern,
Rauschstoffe, die uns für dasselbe unempfindlich machen. Irgend etwas dieser Art ist unerläßlich[2]. Auf die Ablenkungen
zielt *Voltaire*, wenn er seinen »*Candide*« in den Rat ausklingen
läßt, seinen Garten zu bearbeiten; solch eine Ablenkung ist auch

1 *Goethe* in den »Zahmen Xenien« IX (Gedichte aus dem Nachlaß).
2 Auf erniedrigtem Niveau sagt Wilhelm *Busch* in der »Frommen Helene« dasselbe:
»Wer Sorgen hat, hat auch Likör.«

...schaftliche Tätigkeit. Die Ersatzbefriedigungen, wie ...sie bietet, sind gegen die Realität Illusionen, darum ...nder psychisch wirksam dank der Rolle, die die Phan... ...m Seelenleben behauptet hat. Die Rauschmittel beeinflus... ...unser Körperliches, ändern seinen Chemismus. Es ist nicht ...nfach, die Stellung der Religion innerhalb dieser Reihe anzu... ...geben. Wir werden weiter ausholen müssen.

Die Frage nach dem Zweck des menschlichen Lebens ist unzählige Male gestellt worden; sie hat noch nie eine befriedigende Antwort gefunden, läßt eine solche vielleicht überhaupt nicht zu. Manche Fragesteller haben hinzugefügt: Wenn sich ergeben sollte, daß das Leben keinen Zweck hat, dann würde es jeden Wert für sie verlieren. Aber diese Drohung ändert nichts. Es scheint vielmehr, daß man ein Recht dazu hat, die Frage abzulehnen. Ihre Voraussetzung scheint jene menschliche Überhebung, von der wir soviel andere Äußerungen bereits kennen. Von einem Zweck des Lebens der Tiere wird nicht gesprochen, wenn deren Bestimmung nicht etwa darin besteht, dem Menschen zu dienen. Allein auch das ist nicht haltbar, denn mit vielen Tieren weiß der Mensch nichts anzufangen — außer, daß er sie beschreibt, klassifiziert, studiert —, und ungezählte Tierarten haben sich auch dieser Verwendung entzogen, indem sie lebten und ausstarben, ehe der Mensch sie gesehen hatte. Es ist wiederum nur die Religion, die die Frage nach einem Zweck des Lebens zu beantworten weiß. Man wird kaum irren, zu entscheiden, daß die Idee eines Lebenszweckes mit dem religiösen System steht und fällt.

Wir wenden uns darum der anspruchsloseren Frage zu, was die Menschen selbst durch ihr Verhalten als Zweck und Absicht ihres Lebens erkennen lassen, was sie vom Leben fordern, in ihm erreichen wollen. Die Antwort darauf ist kaum zu verfehlen; sie streben nach dem Glück, sie wollen glücklich werden und so bleiben. Dies Streben hat zwei Seiten, ein positives und ein negatives Ziel, es will einerseits die Abwesenheit von Schmerz und Unlust, anderseits das Erleben starker Lustgefühle. Im engeren Wortsinne wird »Glück« nur auf das letztere bezogen. Entsprechend dieser Zweiteilung der Ziele entfaltet sich die Tätigkeit der Menschen nach zwei Richtungen, je nachdem sie das eine oder das andere dieser Ziele — vorwiegend oder selbst ausschließlich — zu verwirklichen sucht.

Es ist, wie man merkt, einfach das Programm des Lustprinzips, das den Lebenszweck setzt. Dies Prinzip beherrscht die Leistung des seelischen Apparates vom Anfang an; an seiner Zweckdienlichkeit kann kein Zweifel sein, und doch ist sein Programm im Hader mit der ganzen Welt, mit dem Makrokosmos ebensowohl wie mit dem Mikrokosmos. Es ist überhaupt nicht durchführbar, alle Einrichtungen des Alls widerstreben ihm; man möchte sagen: die Absicht, daß der Mensch »glücklich« sei, ist im Plan der »Schöpfung« nicht enthalten. Was man im strengsten Sinne Glück heißt, entspringt der eher plötzlichen Befriedigung hoch aufgestauter Bedürfnisse und ist seiner Natur nach nur als episodisches Phänomen möglich. Jede Fortdauer einer vom Lustprinzip ersehnten Situation ergibt nur ein Gefühl von lauem Behagen; wir sind so eingerichtet, daß wir nur den Kontrast intensiv genießen können, den Zustand nur sehr wenig[1]. Somit sind unsere Glücksmöglichkeiten schon durch unsere Konstitution beschränkt. Weit weniger Schwierigkeiten hat es, Unglück zu erfahren. Von drei Seiten droht das Leiden, vom eigenen Körper her, der, zu Verfall und Auflösung bestimmt, sogar Schmerz und Angst als Warnungssignale nicht entbehren kann, von der Außenwelt, die mit übermächtigen, unerbittlichen, zerstörenden Kräften gegen uns wüten kann, und endlich aus den Beziehungen zu anderen Menschen. Das Leiden, das aus dieser Quelle stammt, empfinden wir vielleicht schmerzlicher als jedes andere; wir sind geneigt, es als eine gewissermaßen überflüssige Zutat anzusehen, obwohl es nicht weniger schicksalsmäßig unabwendbar sein dürfte als das Leiden anderer Herkunft.

Kein Wunder, wenn unter dem Druck dieser Leidensmöglichkeiten die Menschen ihren Glücksanspruch zu ermäßigen pflegen, wie ja auch das Lustprinzip selbst sich unter dem Einfluß der Außenwelt zum bescheideneren Realitätsprinzip umbildete, wenn man sich bereits glücklich preist, dem Unglück entgangen zu sein, das Leiden überstanden zu haben, wenn ganz allgemein die Aufgabe der Leidvermeidung der der Lustgewinnung in den Hintergrund drängt. Die Überlegung lehrt, daß man die Lösung dieser Aufgabe auf sehr verschiedenen Wegen versuchen kann; alle diese Wege sind von den einzelnen Schulen der Lebensweisheit empfohlen und von den Menschen begangen worden. Uneingeschränkte Befriedigung aller Bedürfnisse drängt sich als die verlockendste Art der Lebensführung vor, aber das heißt den Genuß vor die Vorsicht setzen und straft sich nach kurzem Betrieb. Die anderen Methoden, bei denen die Vermeidung von Unlust die vorwiegende Absicht ist, scheiden sich je nach der Unlustquelle, der sie die größere Aufmerksamkeit zuwenden. Es gibt da extreme und gemäßigte Verfahren, einseitige und solche, die zugleich an mehreren Stellen angreifen. Gewollte Vereinsamung, Fernhaltung von den anderen ist der nächstliegende Schutz gegen das Leid, das einem aus menschlichen Beziehungen erwachsen kann. Man versteht:

1 *Goethe* mahnt sogar: »Nichts ist schwerer zu ertragen als eine Reihe von schönen Tagen.« Das mag immerhin eine Übertreibung sein.

das Glück, das man auf diesem Weg erreichen kann, ist das der Ruhe. Gegen die gefürchtete Außenwelt kann man sich nicht anders als durch irgendeine Art der Abwendung verteidigen, wenn man diese Aufgabe für sich allein lösen will. Es gibt freilich einen anderen und besseren Weg, indem man als ein Mitglied der menschlichen Gemeinschaft mit Hilfe der von der Wissenschaft geleiteten Technik zum Angriff auf die Natur übergeht und sie menschlichem Willen unterwirft. Man arbeitet dann mit allen am Glück aller. Die interessantesten Methoden zur Leidverhütung sind aber die, die den eigenen Organismus zu beeinflussen versuchen. Endlich ist alles Leid nur Empfindung; es besteht nur, insofern wir es verspüren, und wir verspüren es nur infolge gewisser Einrichtungen unseres Organismus.

Die roheste, aber auch wirksamste Methode solcher Beeinflussung ist die chemische, die Intoxikation. Ich glaube nicht, daß irgendwer ihren Mechanismus durchschaut, aber es ist Tatsache, daß es körperfremde Stoffe gibt, deren Anwesenheit in Blut und Geweben uns unmittelbare Lustempfindungen verschafft, aber auch die Bedingungen unseres Empfindungslebens so verändert, daß wir zur Aufnahme von Unlustregungen untauglich werden. Beide Wirkungen erfolgen nicht nur gleichzeitig, sie scheinen auch innig miteinander verknüpft. Es muß aber auch in unserem eigenen Chemismus Stoffe geben, die Ähnliches leisten, denn wir kennen wenigstens einen krankhaften Zustand, die Manie, in dem dies rauschähnliche Verhalten zustande kommt, ohne daß ein Rauschgift eingeführt worden wäre. Überdies zeigt unser normales Seelenleben Schwankungen von erleichterter oder erschwerter Lustentbindung, mit denen eine verringerte oder vergrößerte Empfänglichkeit für Unlust parallel geht. Es ist sehr zu bedauern, daß diese toxische Seite der seelischen Vorgänge sich der wissenschaftlichen Erforschung bisher entzogen hat. Die Leistung der Rauschmittel im Kampf um das Glück und zur Fernhaltung des Elends wird so sehr als Wohltat geschätzt, daß Individuen wie Völker ihnen eine feste Stellung in ihrer Libidoökonomie eingeräumt haben. Man dankt ihnen nicht nur den unmittelbaren Lustgewinn, sondern auch ein heiß ersehntes Stück Unabhängigkeit von der Außenwelt. Man weiß doch, daß man mit Hilfe des »Sorgenbrechers« sich jederzeit dem Druck der Realität entziehen und in einer eigenen Welt mit besseren Empfindungsbedingungen Zuflucht finden kann. Es ist bekannt, daß gerade diese Eigenschaft der Rauschmittel auch ihre Gefahr und Schädlichkeit bedingt. Sie tragen unter Umständen die Schuld daran, daß große Energiebeträge, die zur Verbesserung des menschlichen Loses verwendet werden könnten, nutzlos verlorengehen.

Der komplizierte Bau unseres seelischen Apparats gestattet aber auch eine ganze Reihe anderer Beeinflussungen. Wie Triebbefriedigung Glück ist, so wird es Ursache schweren Leidens, wenn die Außenwelt uns darben läßt, die Sättigung unserer Bedürfnisse verweigert. Man kann also hoffen, durch Einwirkung auf diese Triebregungen von einem Teil des Leidens frei zu werden. Diese Art der Leidabwehr greift nicht mehr am Empfindungsapparat an, sie sucht der inneren Quellen der Bedürfnisse Herr zu werden. In extremer Weise geschieht dies, indem man die Triebe ertötet, wie die orientalische Lebensweisheit lehrt und die Yogapraxis ausführt. Gelingt es, so hat man damit freilich auch alle andere Tätigkeit aufgegeben (das Leben geopfert), auf anderem Wege wieder nur das Glück der Ruhe erworben. Den gleichen Weg verfolgt man bei ermäßigten Zielen, wenn man nur die Beherrschung des Trieblebens anstrebt. Das Herrschende sind dann die höheren psychischen Instanzen, die sich dem Realitätsprinzip unterworfen haben. Hierbei wird die Absicht der Befriedigung keineswegs aufgegeben; ein gewisser Schutz gegen Leiden wird dadurch erreicht, daß die Unbefriedigung der in Abhängigkeit gehaltenen Triebe nicht so schmerzlich empfunden wird wie die der ungehemmten. Dagegen steht aber eine unleugbare Herabsetzung der Genußmöglichkeiten. Das Glücksgefühl bei Befriedigung einer wilden, vom Ich ungebändigten Triebregung ist unvergleichlich intensiver als das bei Sättigung eines gezähmten Triebes. Die Unwiderstehlichkeit perverser Impulse, vielleicht der Anreiz des Verbotenen überhaupt, findet hierin eine ökonomische Erklärung.

Eine andere Technik der Leidabwehr bedient sich der Libidoverschiebungen, welche unser seelischer Apparat gestattet, durch die seine Funktion so viel an Geschmeidigkeit gewinnt. Die zu lösende Aufgabe ist, die Triebziele solcherart zu verlegen, daß sie von der Versagung der Außenwelt nicht getroffen werden können. Die Sublimierung der Triebe leiht dazu ihre Hilfe. Am meisten erreicht man, wenn man den Lustgewinn aus den Quellen psychischer und intellektueller Arbeit genügend zu erhöhen versteht. Das Schicksal kann einem dann wenig anhaben. Die Befriedigungen solcher Art, wie die Freude des Künstlers am Schaffen, an der Verkörperung seiner Phantasiegebilde, die des Forschers an der Lösung von Problemen und am Erkennen der Wahrheit, haben eine besondere Qualität, die wir gewiß eines Tages werden metapsychologisch charakterisieren können. Derzeit können wir nur bildweise sagen, sie erscheinen uns »feiner und höher«, aber ihre Intensität ist im Vergleich mit der aus der Sättigung grober, primärer Triebregungen gedämpft; sie erschüttern nicht unsere Leiblichkeit.

Die Schwäche dieser Methode liegt aber darin, daß sie nicht allgemein verwendbar, nur wenigen Menschen zugänglich ist. Sie setzt besondere, im wirksamen Ausmaß nicht gerade häufige Anlagen und Begabungen voraus. Auch diesen Wenigen kann sie nicht vollkommenen Leidensschutz gewähren, sie schafft ihnen keinen für die Pfeile des Schicksals undurchdringlichen Panzer, und sie pflegt zu versagen, wenn der eigene Leib die Quelle des Leidens wird[1].

Wenn schon bei diesem Verfahren die Absicht deutlich wird, sich von der Außenwelt unabhängig zu machen, indem man seine Befriedigungen in inneren, psychischen Vorgängen sucht, so treten die gleichen Züge noch stärker bei dem nächsten hervor. Hier wird der Zusammenhang mit der Realität noch mehr gelockert, die Befriedigung wird aus Illusionen gewonnen, die man als solche erkennt, ohne sich durch deren Abweichung von der Wirklichkeit im Genuß stören zu lassen. Das Gebiet, aus dem diese Illusionen stammen, ist das des Phantasielebens; es wurde seinerzeit, als sich die Entwicklung des Realitätssinnes vollzog, ausdrücklich den Ansprüchen der Realitätsprüfung entzogen und blieb für die Erfüllung schwer durchsetzbarer Wünsche bestimmt. Obenan unter diesen Phantasiebefriedigungen steht der Genuß von Werken der Kunst, der auch dem nicht selbst Schöpferischen durch die Vermittlung des Künstlers zugänglich gemacht wird[2]. Wer für den Einfluß der Kunst empfänglich ist, weiß ihn als Lustquelle und Lebenströstung nicht hoch genug einzuschätzen. Doch vermag die milde Narkose, in die uns die Kunst versetzt, nicht mehr als eine flüchtige Entrückung aus den Nöten des Lebens herbeizuführen und ist nicht stark genug, um reales Elend vergessen zu machen.

Energischer und gründlicher geht ein anderes Verfahren vor, das den einzigen Feind in der Realität erblickt, die die Quelle

1 Wenn nicht besondere Veranlagung den Lebensinteressen gebieterisch die Richtung vorschreibt, kann die gemeine, jedermann zugängliche Berufsarbeit an die Stelle rücken, die ihr von dem weisen Ratschlag *Voltaires* angewiesen wird. Es ist nicht möglich, die Bedeutung der Arbeit für die Libidoökonomie im Rahmen einer knappen Übersicht ausreichend zu würdigen. Keine andere Technik der Lebensführung bindet den einzelnen so fest an die Realität als die Betonung der Arbeit, die ihn wenigstens in ein Stück der Realität, in die menschliche Gemeinschaft sicher einfügt. Die Möglichkeit, ein starkes Ausmaß libidinöser Komponenten, narzißtische, aggressive und selbst erotische, auf die Berufsarbeit und auf die mit ihr verknüpften menschlichen Beziehungen zu verschieben, leiht ihr einen Wert, der hinter ihrer Unerläßlichkeit zur Behauptung und Rechtfertigung der Existenz in der Gesellschaft nicht zurücksteht. Besondere Befriedigung vermittelt die Berufstätigkeit, wenn sie eine frei gewählte ist, also bestehende Neigungen, fortgeführte oder konstitutionell verstärkte Triebregungen durch Sublimierung nutzbar zu machen gestattet. Und dennoch wird Arbeit als Weg zum Glück von den Menschen wenig geschätzt. Man drängt sich nicht zu ihr wie zu anderen Möglichkeiten der Befriedigung. Die große Mehrzahl der Menschen arbeitet nur notgedrungen, und aus dieser natürlichen Arbeitsscheu der Menschen leiten sich die schwierigsten sozialen Probleme ab.

2 Vgl. »Formulierungen über die zwei Prinzipien des psychischen Geschehens«, 1911, (Ges. Werke, Bd. VIII) und »Vorlesungen zur Einführung in die Psychoanalyse«, XXIII (Ges. Werke, Bd. XI).

des Leids ist, mit der sich nicht leben läßt, mit der man darum alle Beziehungen abbrechen muß, wenn man in irgendeinem Sinne glücklich sein will. Der Eremit kehrt dieser Welt den Rücken, er will nichts mit ihr zu schaffen haben. Aber man kann mehr tun, man kann sie umschaffen wollen, anstatt ihrer eine andere aufbauen, in der die unerträglichsten Züge ausgetilgt und durch andere im Sinne der eigenen Wünsche ersetzt sind. Wer in verzweifelter Empörung diesen Weg zum Glück einschlägt, wird in der Regel nichts erreichen; die Wirklichkeit ist zu stark für ihn. Er wird ein Wahnsinniger, der in der Durchsetzung seines Wahns meist keine Helfer findet. Es wird aber behauptet, daß jeder von uns sich in irgendeinem Punkt ähnlich wie der Paranoiker benimmt, eine ihm unleidliche Seite der Welt durch eine Wunschbildung korrigiert und diesen Wahn in die Realität einträgt. Eine besondere Bedeutung beansprucht der Fall, daß eine größere Anzahl von Menschen gemeinsam den Versuch unternimmt, sich Glücksversicherung und Leidensschutz durch wahnhafte Umbildung der Wirklichkeit zu schaffen. Als solchen Massenwahn müssen wir auch die Religionen der Menschheit kennzeichnen. Den Wahn erkennt natürlich niemals, wer ihn selbst noch teilt.

Ich glaube nicht, daß diese Aufzählung der Methoden, wie die Menschen das Glück zu gewinnen und das Leiden fernzuhalten bemüht sind, vollständig ist, weiß auch, daß der Stoff andere Anordnungen zuläßt. Eines dieser Verfahren habe ich noch nicht angeführt; nicht, daß ich daran vergessen hätte, sondern weil es uns noch in anderem Zusammenhange beschäftigen wird. Wie wäre es auch möglich, gerade an diese Technik der Lebenskunst zu vergessen! Sie zeichnet sich durch die merkwürdigste Vereinigung von charakteristischen Zügen aus. Sie strebt natürlich auch die Unabhängigkeit vom Schicksal — so nennen wir es am besten — an und verlegt in dieser Absicht die Befriedigung in innere seelische Vorgänge, bedient sich dabei der vorhin erwähnten Verschiebbarkeit der Libido, aber sie wendet sich nicht von der Außenwelt ab, klammert sich im Gegenteil an deren Objekte und gewinnt das Glück aus einer Gefühlsbeziehung zu ihnen. Sie gibt sich dabei auch nicht mit dem gleichsam müde resignierenden Ziel der Unlustvermeidung zufrieden, eher geht sie achtlos an diesem vorbei und hält am ursprünglichen, leidenschaftlichen Streben nach positiver Glückserfüllung fest. Vielleicht kommt sie diesem Ziele wirklich näher als jede andere Methode. Ich meine natürlich jene Richtung des Lebens, welche die Liebe zum Mittelpunkt nimmt, alle Befriedigung aus dem Lieben und Geliebtwerden erwartet. Eine solche psychische Einstellung liegt uns allen nahe genug; eine der Erscheinungsformen der Liebe, die geschlechtliche

Liebe, hat uns die stärkste Erfahrung einer überwältigenden Lustempfindung vermittelt und so das Vorbild für unser Glücksstreben gegeben. Was ist natürlicher, als daß wir dabei beharren, das Glück auf demselben Wege zu suchen, auf dem wir es zuerst begegnet haben. Die schwache Seite dieser Lebenstechnik liegt klar zutage; sonst wäre es auch keinem Menschen eingefallen, diesen Weg zum Glück für einen anderen zu verlassen. Niemals sind wir ungeschützter gegen das Leiden, als wenn wir lieben, niemals hilfloser unglücklich, als wenn wir das geliebte Objekt oder seine Liebe verloren haben. Aber die auf den Glückswert der Liebe gegründete Lebenstechnik ist damit nicht erledigt, es ist viel mehr darüber zu sagen.

Hier kann man den interessanten Fall anschließen, daß das Lebensglück vorwiegend im Genusse der Schönheit gesucht wird, wo immer sie sich unseren Sinnen und unserem Urteil zeigt, der Schönheit menschlicher Formen und Gesten, von Naturobjekten und Landschaften, künstlerischen und selbst wissenschaftlichen Schöpfungen. Diese ästhetische Einstellung zum Lebensziel bietet wenig Schutz gegen drohende Leiden, vermag aber für vieles zu entschädigen. Der Genuß an der Schönheit hat einen besonderen, milde berauschenden Empfindungscharakter. Ein Nutzen der Schönheit liegt nicht klar zutage, ihre kulturelle Notwendigkeit ist nicht einzusehen, und doch könnte man sie in der Kultur nicht vermissen. Die Wissenschaft der Ästhetik untersucht die Bedingungen, unter denen das Schöne empfunden wird; über Natur und Herkunft der Schönheit hat sie keine Aufklärung geben können; wie gebräuchlich, wird die Ergebnislosigkeit durch einen Aufwand an volltönenden, inhaltsarmen Worten verhüllt. Leider weiß auch die Psychoanalyse über die Schönheit am wenigsten zu sagen. Einzig die Ableitung aus dem Gebiet des Sexualempfindens scheint gesichert; es wäre ein vorbildliches Beispiel einer zielgehemmten Regung. Die »Schönheit« und der »Reiz« sind ursprünglich Eigenschaften des Sexualobjekts. Es ist bemerkenswert, daß die Genitalien selbst, deren Anblick immer erregend wirkt, doch fast nie als schön beurteilt werden, dagegen scheint der Charakter der Schönheit an gewissen sekundären Geschlechtsmerkmalen zu haften.

Trotz dieser Unvollständigkeit getraue ich mich bereits einiger unsere Untersuchung abschließenden Bemerkungen. Das Programm, welches uns das Lustprinzip aufdrängt, glücklich zu werden, ist nicht zu erfüllen, doch darf man — nein, kann man — die Bemühungen, es irgendwie der Erfüllung näherzubringen, nicht aufgeben. Man kann sehr verschiedene Wege dahin einschlagen, entweder den positiven Inhalt des Ziels, den Lustgewinn, oder den negativen, die Unlustvermeidung, voranstellen. Auf keinem dieser Wege können wir alles, was wir begehren, erreichen. Das Glück in jenem gemäßigten Sinn, in dem es als möglich erkannt wird, ist ein Problem der individuellen Libidoökonomie. Es gibt hier keinen Rat, der für alle taugt; ein jeder muß selbst versuchen, auf welche besondere Fasson er selig werden kann. Die mannigfachsten Faktoren werden sich geltend machen, um seiner Wahl die Wege zu weisen. Es kommt darauf an, wieviel reale Befriedigung er von der Außenwelt zu erwarten hat und inwieweit er veranlaßt ist, sich von ihr unabhängig zu machen; zuletzt auch, wieviel Kraft er sich zutraut, diese nach seinen Wünschen abzuändern. Schon dabei wird außer den äußeren Verhältnissen die psychische Konstitution des Individuums entscheidend werden. Der vorwiegend erotische Mensch wird die Gefühlsbeziehungen zu anderen Personen voranstellen, der eher selbstgenügsame narzißtische die wesentlichen Befriedigungen in seinen inneren seelischen Vorgängen suchen, der Tatenmensch von der Außenwelt nicht ablassen, an der er seine Kraft erproben kann. Für den mittleren dieser Typen wird die Art seiner Begabung und das Ausmaß der ihm möglichen Triebsublimierung dafür bestimmend werden, wohin er seine Interessen verlegen soll. Jede extreme Entscheidung wird sich dadurch strafen, daß sie das Individuum den Gefahren aussetzt, die die Unzulänglichkeit der ausschließend gewählten Lebenstechnik mit sich bringt. Wie der vorsichtige Kaufmann es vermeidet, sein ganzes Kapital an einer Stelle festzulegen, so wird vielleicht auch die Lebensweisheit raten, nicht alle Befriedigung von einer einzigen Strebung zu erwarten. Der Erfolg ist niemals sicher, er hängt vom Zusammentreffen vieler Momente ab, von keinem vielleicht mehr als von der Fähigkeit der psychischen Konstitution, ihre Funktion der Umwelt anzupassen und diese für Lustgewinn auszunützen. Wer eine besonders ungünstige Triebkonstitution mitgebracht und die zur späteren Leistung unerläßliche Umbildung und Neuordnung seiner Libidokomponenten nicht regelrecht durchgemacht hat, wird es schwer haben, aus seiner äußeren Situation Glück zu gewinnen, zumal wenn er vor schwierigere Aufgaben gestellt wird. Als letzte Lebenstechnik, die ihm wenigstens Ersatzbefriedigungen verspricht, bietet sich ihm die Flucht in die neurotische Krankheit, die er meist schon in jungen Jahren vollzieht. Wer dann in späterer Lebenszeit seine Bemühungen um das Glück vereitelt sieht, findet noch Trost im Lustgewinn der chronischen Intoxikation, oder er unternimmt den verzweifelten Auflehnungsversuch der Psychose[1].

1 Es drängt mich, wenigstens auf eine der Lücken hinzuweisen, die in obiger Darstellung geblieben sind. Eine Betrachtung der menschlichen Glücksmöglichkeiten sollte es nicht unterlassen, das relative Verhältnis des Narzißmus zur Objektlibido in Rechnung zu bringen. Man verlangt zu wissen, was es für die Libidoökonomie bedeutet, im wesentlichen auf sich selbst gestellt zu sein.

Die Religion beeinträchtigt dieses Spiel der Auswahl und Anpassung, indem sie ihren Weg zum Glückserwerb und Leidensschutz allen in gleicher Weise aufdrängt. Ihre Technik besteht darin, den Wert des Lebens herabzudrücken und das Bild der realen Welt wahnhaft zu entstellen, was die Einschüchterung der Intelligenz zur Voraussetzung hat. Um diesen Preis, durch gewaltsame Fixierung eines psychischen Infantilismus und Einbeziehung in einen Massenwahn gelingt es der Religion, vielen Menschen die individuelle Neurose zu ersparen. Aber kaum mehr; es gibt, wie wir gesagt haben, viele Wege, die zu dem Glück führen können, wie es dem Menschen erreichbar ist; keinen, der sicher dahin leitet. Auch die Religion kann ihr Versprechen nicht halten. Wenn der Gläubige sich endlich genötigt findet, von Gottes »unerforschlichem Ratschluß« zu reden, so gesteht er damit ein, daß ihm als letzte Trostmöglichkeit und Lustquelle im Leiden nur die bedingungslose Unterwerfung übriggeblieben ist. Und wenn er zu dieser bereit ist, hätte er sich wahrscheinlich den Umweg ersparen können.

III

Unsere Untersuchung über das Glück hat uns bisher nicht viel gelehrt, was nicht allgemein bekannt ist. Auch wenn wir sie mit der Frage fortsetzen, warum es für die Menschen so schwer ist, glücklich zu werden, scheint die Aussicht, Neues zu erfahren, nicht viel größer. Wir haben die Antwort bereits gegeben, indem wir auf die drei Quellen hinwiesen, aus denen unser Leiden kommt: die Übermacht der Natur, die Hinfälligkeit unseres eigenen Körpers und die Unzulänglichkeit der Einrichtungen, welche die Beziehungen der Menschen zueinander in Familie, Staat und Gesellschaft regeln. In betreff der beiden ersten kann unser Urteil nicht lange schwanken; es zwingt uns zur Anerkennung dieser Leidensquellen und zur Ergebung ins Unvermeidliche. Wir werden die Natur nie vollkommen beherrschen, unser Organismus, selbst ein Stück dieser Natur, wird immer ein vergängliches, in Anpassung und Leistung beschränktes Gebilde bleiben. Von dieser Erkenntnis geht keine lähmende Wirkung aus; im Gegenteil, sie weist unserer Tätigkeit die Richtung. Können wir nicht alles Leiden aufheben, so doch manches tun und anderes lindern; mehrtausendjährige Erfahrung hat uns davon überzeugt. Anders verhalten wir uns zur dritten, zur sozialen Leidensquelle. Diese wollen wir überhaupt nicht gelten lassen, können nicht einsehen, warum die von uns selbst geschaffenen Einrichtungen nicht viel mehr Schutz und Wohltat für uns alle sein sollten. Allerdings, wenn wir bedenken, wie schlecht uns gerade dieses Stück der Leidverhütung gelungen ist, erwacht der Verdacht, es könnte auch hier ein Stück der unbesiegbaren Natur dahinterstecken, diesmal unserer eigenen psychischen Beschaffenheit.

Auf dem Wege, uns mit dieser Möglichkeit zu beschäftigen, treffen wir auf eine Behauptung, die so erstaunlich ist, daß wir bei ihr verweilen wollen. Sie lautet, einen großen Teil der Schuld an unserem Elend trage unsere sogenannte Kultur; wir wären viel glücklicher, wenn wir sie aufgeben und in primitive Verhältnisse zurückfinden würden. Ich heiße sie erstaunlich, weil — wie immer man den Begriff Kultur bestimmen mag — es doch feststeht, daß alles, womit wir uns gegen die Bedrohung aus den Quellen des Leidens zu schützen versuchen, eben der nämlichen Kultur zugehört.

Auf welchem Wege sind wohl so viele Menschen zu diesem Standpunkt befremdlicher Kulturfeindlichkeit gekommen? Ich meine, eine tiefe, lang bestehende Unzufriedenheit mit dem jeweiligen Kulturzustand stellte den Boden her, auf dem sich dann bei bestimmten historischen Anlässen eine Verteilung erhob. Den letzten und den vorletzten dieser Anlässe glaube ich zu erkennen; ich bin nicht gelehrt genug, um die Kette derselben weit genug in die Geschichte der menschlichen Art zurückzuverfolgen. Schon beim Sieg des Christentums über die heidnischen Religionen muß ein solcher kulturfeindlicher Faktor beteiligt gewesen sein. Der durch die christliche Lehre vollzogenen Entwertung des irdischen Lebens stand er ja sehr nahe. Die vorletzte Veranlassung ergab sich, als man im Fortschritt der Entdeckungsreisen in Berührung mit primitiven Völkern und Stämmen kam. Bei ungenügender Beobachtung und mißverständlicher Auffassung ihrer Sitten und Gebräuche schienen sie den Europäern ein einfaches, bedürfnisarmes, glückliches Leben zu führen, wie es den kulturell überlegenen Besuchern unerreichbar war. Die spätere Erfahrung hat manches Urteil dieser Art berichtigt; in vielen Fällen hatte man irrtümlich ein Maß von Lebenserleichterung, das der Großmut der Natur und der Bequemlichkeit in der Befriedigung der großen Bedürfnisse zu danken war, der Abwesenheit von verwickelten kulturellen Anforderungen zugeschrieben. Die letzte Veranlassung ist uns besonders vertraut; sie trat auf, als man den Mechanismus der Neurosen kennenlernte, die das bißchen Glück des Kulturmenschen zu untergraben drohen. Man fand, daß der Mensch neurotisch wird, weil er das Maß von Versagung nicht ertragen kann, das ihm die Gesellschaft im Dienste ihrer kulturellen Ideale auferlegt, und man schloß daraus, daß es eine Rückkehr zu Glücksmöglichkeiten bedeutete, wenn diese Anforderungen aufgehoben oder sehr herabgesetzt würden.

Es kommt noch ein Moment der Enttäuschung dazu. In den letzten Generationen haben die Menschen außerordentliche Fortschritte in den Naturwissenschaften und in ihrer technischen Anwendung gemacht, ihre Herrschaft über die Natur in einer früher unvorstellbaren Weise befestigt. Die Einzelheiten dieser Fortschritte sind allgemein bekannt, es erübrigt sich, sie aufzuzählen. Die Menschen sind stolz auf diese Errungenschaften und haben ein Recht dazu. Aber sie glauben bemerkt zu haben, daß diese neu gewonnene Verfügung über Raum und Zeit, diese Unterwerfung der Naturkräfte, die Erfüllung jahrtausendealter Sehnsucht das Maß von Lustbefriedigung, das sie vom Leben erwarten, nicht erhöht, sie nach ihren Empfindungen nicht glücklicher gemacht hat. Man sollte sich begnügen, aus dieser Feststellung den Schluß zu ziehen, die Macht über die Natur sei nicht die einzige Bedingung des Menschenglücks, wie sie ja auch nicht das einzige Ziel der Kulturbestrebungen ist, und nicht die Wertlosigkeit der technischen Fortschritte für unsere Glücksökonomie daraus ableiten. Man möchte einwenden: Ist es denn nicht ein positiver Lustgewinn, ein unzweideutiger Zuwachs an Glücksgefühl, wenn ich beliebig oft die Stimme des Kindes hören kann, das Hunderte von Kilometern entfernt von mir lebt, wenn ich die kürzeste Zeit nach der Landung des Freundes erfahren kann, daß er die lange, beschwerliche Reise gut überstanden hat? Bedeutet es nichts, daß es der Medizin gelungen ist, die Sterblichkeit der kleinen Kinder, die Infektionsgefahr der gebärenden Frauen so außerordentlich herabzusetzen, ja die mittlere Lebensdauer des Kulturmenschen um eine beträchtliche Anzahl von Jahren zu verlängern? Und solcher Wohltaten, die wir dem vielgeschmähten Zeitalter der wissenschaftlichen und technischen Fortschritte verdanken, können wir noch eine große Reihe anführen; — aber da läßt sich die Stimme der pessimistischen Kritik vernehmen und mahnt, die meisten dieser Befriedigungen folgten dem Muster jenes »billigen Vergnügens«, das in einer gewissen Anekdote angepriesen wird. Man verschafft sich diesen Genuß, indem man in kalter Winternacht ein Bein nackt aus der Decke herausstreckt und es dann wieder einzieht. Gäbe es keine Eisenbahn, die die Entfernungen überwindet, so hätte das Kind die Vaterstadt nie verlassen, man brauchte kein Telephon, um seine Stimme zu hören. Wäre nicht die Schiffahrt über den Ozean eingerichtet, so hätte der Freund nicht die Seereise unternommen, ich brauchte den Telegraphen nicht, um meine Sorge um ihn zu beschwichtigen. Was nützt uns die Einschränkung der Kindersterblichkeit, wenn gerade sie uns die äußerste Zurückhaltung in der Kinderzeugung aufnötigt, so daß wir im ganzen doch nicht mehr Kinder aufziehen als in den Zeiten vor der Herrschaft der Hygiene, dabei aber unser Sexualleben in der Ehe unter schwierige Bedingungen gebracht und wahrscheinlich der wohltätigen, natürlichen Auslese entgegengearbeitet haben? Und was soll uns endlich ein langes Leben, wenn es beschwerlich, arm an Freuden und so leidvoll ist, daß wir den Tod nur als Erlöser bewillkommnen können?

Es scheint festzustehen, daß wir uns in unserer heutigen Kultur nicht wohlfühlen; aber es ist sehr schwer, sich ein Urteil darüber zu bilden, ob und inwieweit die Menschen früherer Zeiten sich glücklicher gefühlt haben und welchen Anteil ihre Kulturbedingungen daran hatten. Wir werden immer die Neigung haben, das Elend objektiv zu erfassen, d. h. uns mit unseren Ansprüchen und Empfänglichkeiten in jene Bedingungen zu versetzen, um dann zu prüfen, welche Anlässe zu Glücks- und Unglücksempfindungen wir in ihnen fänden. Diese Art der Betrachtung, die objektiv erscheint, weil sie von den Variationen der subjektiven Empfindlichkeit absieht, ist natürlich die subjektivste, die möglich ist, indem sie an die Stelle aller anderen unbekannten seelischen Verfassungen die eigene einsetzt. Das Glück ist aber etwas durchaus Subjektives. Wir mögen noch so sehr vor gewissen Situationen zurückschrecken: der des antiken Galeerensklaven, des Bauern im Dreißigjährigen Krieg, des Opfers der heiligen Inquisition, des Juden, der den Pogrom erwartet, es ist uns doch unmöglich, uns in diese Personen einzufühlen, die Veränderungen zu erraten, die ursprüngliche Stumpfheit, allmähliche Abstumpfung, Einstellung der Erwartungen, gröbere und feinere Weisen der Narkotisierung in der Empfänglichkeit für Lust- und Unlustempfindungen herbeigeführt haben. Im Falle äußerster Leidmöglichkeit werden auch bestimmte seelische Schutzvorrichtungen in Tätigkeit versetzt. Es scheint mir unfruchtbar, diese Seite des Problems weiter zu verfolgen.

Es ist Zeit, daß wir uns um das Wesen dieser Kultur kümmern, deren Glückswert in Zweifel gezogen wird. Wir werden keine Formel fordern, die dieses Wesen in wenigen Worten ausdrückt, noch ehe wir etwas aus der Untersuchung erfahren haben. Es genügt uns also, zu wiederholen[1], daß das Wort »Kultur« die ganze Summe der Leistungen und Einrichtungen bezeichnet, in denen sich unser Leben von dem unserer tierischen Ahnen entfernt und die zwei Zwecken dienen: dem Schutz des Menschen gegen die Natur und der Regelung der Beziehungen der Menschen untereinander. Um mehr zu verstehen, werden wir die Züge der Kultur im einzelnen zusammensuchen, wie sie sich in menschlichen Gemeinschaften zeigen. Wir lassen uns dabei ohne Bedenken vom Sprachgebrauch oder,

1 Siehe: Die Zukunft einer Illusion, 1927. (Ges. Werke, Bd. XIV.)

wie man auch sagt: Sprachgefühl, leiten im Vertrauen darauf, daß wir so inneren Einsichten gerecht werden, die sich dem Ausdruck in abstrakten Worten noch widersetzen.

Der Eingang ist leicht: Als kulturell anerkennen wir alle Tätigkeiten und Werte, die dem Menschen nützen, indem sie ihm die Erde dienstbar machen, ihn gegen die Gewalt der Naturkräfte schützen u. dgl. Über diese Seite des Kulturellen besteht ja am wenigsten Zweifel. Um weit genug zurückzugehen: die ersten kulturellen Taten waren der Gebrauch von Werkzeugen, die Zähmung des Feuers, der Bau von Wohnstätten. Unter ihnen ragt die Zähmung des Feuers als eine ganz außerordentliche, vorbildlose Leistung hervor[1], mit den anderen schlug der Mensch Wege ein, die er seither immer weiter verfolgt hat, zu denen die Anregung leicht zu erraten ist. Mit all seinen Werkzeugen vervollkommnet der Mensch seine Organe — die motorischen wie die sensorischen — oder räumt die Schranken für ihre Leistung weg. Die Motoren stellen ihm riesige Kräfte zur Verfügung, die er wie seine Muskeln in beliebige Richtungen schicken kann; das Schiff und das Flugzeug machen, daß weder Wasser noch Luft seine Fortbewegung hindern können. Mit der Brille korrigiert er die Mängel der Linse in seinem Auge, mit dem Fernrohr schaut er in entfernte Weiten, mit dem Mikroskop überwindet er die Grenzen der Sichtbarkeit, die durch den Bau seiner Netzhaut abgesteckt werden. In der photographischen Kamera hat er ein Instrument geschaffen, das die flüchtigen Seheindrücke festhält, was ihm die Grammaphonplatte für die ebenso vergänglichen Schalleindrücke leisten muß, beides im Grunde Materialisationen des ihm gegebenen Vermögens der Erinnerung, seines Gedächtnisses. Mit Hilfe des Telephons hört er aus Entfernungen, die selbst das Märchen als unerreichbar respektieren würde; die Schrift ist ursprünglich die Sprache des Abwesenden, das Wohnhaus ein Ersatz für den Mutterleib, die erste, wahrscheinlich

[1] Psychoanalytisches Material, unvollständig, nicht sicher deutbar, läßt doch wenigstens eine — phantastisch klingende — Vermutung über den Ursprung dieser menschlichen Großtat zu. Als wäre der Urmensch gewohnt gewesen, wenn er dem Feuer begegnete, eine infantile Lust an ihm zu befriedigen, indem er es durch seinen Harnstrahl auslöschte. An der ursprünglichen phallischen Auffassung der züngelnden, sich in die Höhe reckenden Flamme kann nach vorhandenen Sagen kein Zweifel sein. Das Feuerlöschen durch Urinieren — auf das noch die späten Riesenkinder Gulliver in Liliput und Rabelais' Gargantua zurückgreifen — war also wie ein sexueller Akt mit einem Mann, ein Genuß der männlichen Potenz im homosexuellen Wettkampf. Wer zuerst auf diese Lust verzichtete, das Feuer verschonte, konnte es mit sich forttragen und in seinen Dienst zwingen. Dadurch, daß er das Feuer seiner eigenen sexuellen Erregung dämpfte, hatte er die Naturkraft des Feuers gezähmt. Diese große kulturelle Eroberung wäre also der Lohn für einen Triebverzicht. Und weiter, als hätte man das Weib zur Hüterin des auf dem häuslichen Herd gefangengehaltenen Feuers bestellt, weil ihr anatomischer Bau es ihr verbietet, einer solchen Lustversuchung nachzugeben. Es ist auch bemerkenswert, wie regelmäßig die analytischen Erfahrungen den Zusammenhang von Ehrgeiz, Feuer und Harnerotik bezeugen.

noch immer ersehnte Behausung, in der man sicher war und sich so wohl fühlte.

Es klingt nicht nur wie ein Märchen, es ist direkt die Erfüllung aller — nein, der meisten — Märchenwünsche, was der Mensch durch seine Wissenschaft und Technik auf dieser Erde hergestellt hat, in der er zuerst als ein schwaches Tierwesen auftrat und in die jedes Individuum seiner Art wiederum als hilfloser Säugling — *oh inch of nature!* — eintreten muß. All diesen Besitz darf er als Kulturerwerb ansprechen. Er hatte sich seit langen Zeiten eine Idealvorstellung von Allmacht und Allwissenheit gebildet, die er in seinen Göttern verkörperte. Ihnen schrieb er alles zu, was seinen Wünschen unerreichbar schien — oder ihm verboten war. Man darf also sagen, diese Götter waren Kulturideale. Nun hat er sich der Erreichung dieses Ideals sehr angenähert, ist beinahe selbst ein Gott geworden. Freilich nur so, wie man nach allgemein menschlichem Urteil Ideale zu erreichen pflegt. Nicht vollkommen, in einigen Stücken gar nicht, in anderen nur so halbwegs. Der Mensch ist sozusagen eine Art Prothesengott geworden, recht großartig, wenn er alle seine Hilfsorgane anlegt, aber sie sind nicht mit ihm verwachsen und machen ihm gelegentlich noch viel zu schaffen. Er hat übrigens ein Recht, sich damit zu trösten, daß diese Entwicklung nicht gerade mit dem Jahr 1930 A. D. abgeschlossen sein wird. Ferne Zeiten werden neue, wahrscheinlich unvorstellbar große Fortschritte auf diesem Gebiete der Kultur mit sich bringen, die Gottähnlichkeit noch weiter steigern. Im Interesse unserer Untersuchung wollen wir aber auch nicht daran vergessen, daß der heutige Mensch sich in seiner Gottähnlichkeit nicht glücklich fühlt.

Wir anerkennen also die Kulturhöhe eines Landes, wenn wir finden, daß alles in ihm gepflegt und zweckmäßig besorgt wird, was der Ausnützung der Erde durch den Menschen und dem Schutz desselben vor den Naturkräften dienlich, also kurz zusammengefaßt: ihm nützlich ist. In einem solchen Land seien Flüsse, die mit Überschwemmungen drohen, in ihrem Lauf reguliert, ihr Wasser durch Kanäle hingeleitet, wo es entbehrt wird. Der Erdboden werde sorgfältig bearbeitet und mit den Gewächsen beschickt, die er zu tragen geeignet ist, die mineralischen Schätze der Tiefe emsig zutage gefördert und zu den verlangten Werkzeugen und Geräten verarbeitet. Die Verkehrsmittel seien reichlich, rasch und zuverlässig, die wilden und gefährlichen Tiere seien ausgerottet, die Zucht der zu Haustieren gezähmten sei in Blüte. Wir haben aber an die Kultur noch andere Anforderungen zu stellen und hoffen bemerkenswerterweise, sie in denselben Ländern verwirklicht zu finden. Als wollten wir unseren zuerst erhobenen Anspruch verleugnen, begrüßen wir es auch als kulturell, wenn wir sehen, daß sich die Sorgfalt der Menschen auch Dingen zuwendet, die ganz und gar nicht nützlich sind, eher unnütz erscheinen, z. B. wenn die in einer Stadt als Spielplätze und Luftreservoirs notwendigen Gartenflächen auch Blumenbeete tragen, oder wenn die Fenster der Wohnungen mit Blumentöpfen geschmückt sind. Wir merken bald: das Unnütze, dessen Schätzung wir von der Kultur erwarten, ist die Schönheit; wir fordern, daß der Kulturmensch die Schönheit verehre, wo sie ihm in der Natur begegnet, und sie herstelle an Gegenständen, soweit seiner Hände Arbeit es vermag. Weit entfernt, daß unsere Ansprüche an die Kultur damit erschöpft wären. Wir verlangen noch die Zeichen von Reinlichkeit und Ordnung zu sehen. Wir denken nicht hoch von der Kultur einer englischen Landstadt zur Zeit Shakespeares, wenn wir lesen, daß ein hoher Misthaufen vor der Türe seines väterlichen Hauses in Stratford lagerte; wir sind ungehalten und schelten es »barbarisch«, was der Gegensatz zu kulturell ist, wenn wir die Wege des Wiener Waldes mit weggeworfenen Papieren bestreut finden. Unsauberkeit jeder Art scheint uns mit Kultur unvereinbar; auch auf den menschlichen Körper dehnen wir die Forderung der Reinlichkeit aus, hören mit Erstaunen, welch üblichen Geruch die Person des Roi Soleil zu verbreiten pflegte, und schütteln den Kopf, wenn uns auf Isola bella die winzige Waschschüssel gezeigt wird, deren sich Napoleon bei seiner Morgentoilette bediente. Ja, wir sind nicht überrascht, wenn jemand den Gebrauch von Seife direkt als Kulturmesser aufstellt. Ähnlich ist es mit der Ordnung, die ebenso wie die Reinlichkeit sich ganz auf Menschenwerk bezieht. Aber während wir Reinlichkeit in der Natur nicht erwarten dürfen, ist die Ordnung vielmehr der Natur abgelauscht; die Beobachtung der großen astronomischen Regelmäßigkeiten hat dem Menschen nicht nur das Vorbild, sondern die ersten Anhaltspunkte für die Einführung der Ordnung in sein Leben gegeben. Die Ordnung ist eine Art Wiederholungszwang, die durch einmalige Einrichtung entscheidet, wann, wo und wie etwas getan werden soll, so daß man in jedem gleichen Falle Zögern und Schwanken erspart. Die Wohltat der Ordnung ist ganz unleugbar, sie ermöglicht dem Menschen die beste Ausnützung von Raum und Zeit, während sie seine psychischen Kräfte schont. Man hätte ein Recht, zu erwarten, daß sie sich von Anfang an und zwanglos im menschlichen Tun durchsetzt, und darf erstaunen, daß dies nicht der Fall ist, daß der Mensch vielmehr einen natürlichen Hang zur Nachlässigkeit, Unregelmäßigkeit und Unzuverlässigkeit in seiner Arbeit an den Tag legt und erst mühselig zur Nachahmung der himmlischen Vorbilder erzogen werden muß.

Schönheit, Reinlichkeit und Ordnung nehmen offenbar eine besondere Stellung unter den Kulturanforderungen ein. Niemand wird behaupten, daß sie ebenso lebenswichtig seien wie die Beherrschung der Naturkräfte und andere Momente, die wir noch kennen lernen sollen, und doch wird niemand gern sie als Nebensächlichkeiten zurückstellen wollen. Daß die Kultur nicht allein auf Nutzen bedacht ist, zeigt schon das Beispiel der Schönheit, die wir unter den Interessen der Kultur nicht vermissen wollen. Der Nutzen der Ordnung ist ganz offenbar; bei der Reinlichkeit haben wir zu bedenken, daß sie auch von der Hygiene gefordert wird, und können vermuten, daß dieser Zusammenhang den Menschen auch vor der Zeit einer wissenschaftlichen Krankheitsverhütung nicht ganz fremd war. Aber der Nutzen erklärt uns das Streben nicht ganz; es muß noch etwas anderes im Spiele sein.

Durch keinen anderen Zug vermeinen wir aber die Kultur besser zu kennzeichnen, als durch die Schätzung und Pflege der höheren psychischen Tätigkeiten, der intellektuellen, wissenschaftlichen und künstlerischen Leistungen, der führenden Rolle, welche den Ideen im Leben der Menschen eingeräumt wird. Unter diesen Ideen stehen obenan die religiösen Systeme, auf deren verwickelten Aufbau ich an anderer Stelle Licht zu werfen versuchte; neben ihnen die philosophischen Spekulationen, und endlich, was man die Idealbildungen der Menschen heißen kann, ihre Vorstellungen von einer möglichen Vollkommenheit der einzelnen Person, des Volkes, der ganzen Menschheit, und die Anforderungen, die sie auf Grund solcher Vorstellungen erheben. Daß diese Schöpfungen nicht unabhängig voneinander sind, vielmehr innig untereinander verwoben, erschwert sowohl ihre Darstellung als ihre psychologische Ableitung. Wenn wir ganz allein annehmen, die Triebfeder aller menschlichen Trägheiten sei das Streben nach den beiden zusammenfließenden Zielen, Nutzen und Lustgewinn, so müssen wir dasselbe auch für die hier angeführten kulturellen Äußerungen gelten lassen, obwohl es nur für die wissenschaftliche und künstlerische Tätigkeit leicht ersichtlich ist. Man kann aber nicht bezweifeln, daß auch die anderen starken Bedürfnissen der Menschen entsprechen, vielleicht solchen, die nur bei einer Minderzahl entwickelt sind. Auch darf man sich nicht durch Werturteile über einzelne dieser religiösen, philosophischen Systeme und dieser Ideale beirren lassen; ob man die höchste Leistung des Menschengeistes in ihnen sucht oder ob man sie als Verirrungen beklagt, man muß anerkennen, daß ihr Vorhandensein, besonders ihre Vorherrschaft, einen Hochstand der Kultur bedeutet.

Als letzten, gewiß nicht unwichtigsten Charakterzug einer Kultur haben wir zu würdigen, in welcher Weise die Beziehungen der Menschen zueinander, die sozialen Beziehungen, geregelt sind, die den Menschen als Nachbarn, als Hilfskraft, als Sexualobjekt eines anderen, als Mitglied einer Familie, eines Staates betreffen. Es wird hier besonders schwer, sich von bestimmten Idealforderungen freizuhalten, und das, was überhaupt kulturell ist, zu erfassen. Vielleicht beginnt man mit der Erklärung, das kulturelle Element sei mit dem ersten Versuch, diese sozialen Beziehungen zu regeln, gegeben. Unterbliebe ein solcher Versuch, so wären diese Beziehungen der Willkür des einzelnen unterworfen, d. h. der physisch Stärkere würde sie im Sinne seiner Interessen und Triebregungen entscheiden. Daran änderte sich nichts, wenn dieser Stärkere seinerseits einen einzelnen noch Stärkeren fände. Das menschliche Zusammenleben wird erst ermöglicht, wenn sich eine Mehrheit zusammenfindet, die stärker ist als jeder einzelne und gegen jeden einzelnen zusammenhält. Die Macht dieser Gemeinschaft stellt sich nun als »Recht« der Macht des einzelnen, die als »rohe Gewalt« verurteilt wird, entgegen. Diese Ersetzung der Macht des einzelnen durch die der Gemeinschaft ist der entscheidende kulturelle Schritt. Ihr Wesen besteht darin, daß sich die Mitglieder der Gemeinschaft in ihren Befriedigungsmöglichkeiten beschränken, während der einzelne keine solche Schranke kannte. Die nächste kulturelle Anforderung ist also die der Gerechtigkeit, d. h. die Versicherung, daß eine einmal gegebene Rechtsordnung nicht wieder zugunsten eines einzelnen durchbrochen werde. Über den ethischen Wert eines solchen Rechts wird hiermit nicht entschieden. Der weitere Weg der kulturellen Entwicklung scheint dahin zu streben, daß dieses Recht nicht mehr der Willensausdruck einer kleinen Gemeinschaft — Kaste, Bevölkerungsschicht, Volksstamm — sei, welche sich zu anderen und vielleicht umfassenderen solchen Massen wieder wie ein gewalttätiges Individuum verhält. Das Endergebnis soll ein Recht sein, zu dem alle — wenigstens alle Gemeinschaftsfähigen — durch ihre Triebopfer beigetragen haben und das keinen — wiederum mit der gleichen Ausnahme — zum Opfer der rohen Gewalt werden läßt.

Die individuelle Freiheit ist kein Kulturgut. Sie war am größten vor jeder Kultur, allerdings damals meist ohne Wert, weil das Individuum kaum imstande war, sie zu verteidigen. Durch die Kulturentwicklung erfährt sie Einschränkungen, und die Gerechtigkeit fordert, daß keinem diese Einschränkungen erspart werden. Was sich in einer menschlichen Gemeinschaft als Freiheitsdrang rührt, kann Auflehnung gegen eine bestehende Ungerechtigkeit sein und so einer weiteren Entwicklung der Kultur günstig werden, mit der Kultur verträglich bleiben. Es kann aber auch dem Rest der ursprünglichen, von der Kultur ungebändigten Persönlichkeit entstammen und so Grundlage der Kulturfeindseligkeit werden. Der Freiheitsdrang richtet sich also gegen bestimmte Formen und Ansprüche der Kultur oder gegen Kultur überhaupt. Es scheint nicht, daß man den Menschen durch irgendwelche Beeinflussung dazu bringen kann, seine Natur in die eines Termiten umzuwandeln, er wird wohl immer seinen Anspruch auf individuelle Freiheit gegen den Willen der Masse verteidigen. Ein gut Teil des Ringens der Menschheit staut sich um die eine Aufgabe, einen zweckmäßigen, d. h. beglückenden Ausgleich zwischen diesen individuellen und den kulturellen Massenansprüchen zu finden, es ist eines ihrer Schicksalsprobleme, ob dieser Ausgleich durch eine bestimmte Gestaltung der Kultur erreichbar oder ob der Konflikt unversöhnlich ist.

Indem wir uns vom gemeinen Empfinden sagen ließen, welche Züge im Leben der Menschen kulturell zu nennen sind, haben wir einen deutlichen Eindruck vom Gesamtbild der Kultur bekommen, freilich zunächst nichts erfahren, was nicht allgemein bekannt ist. Dabei haben wir uns gehütet, dem Vorurteil beizustimmen, Kultur sei gleichbedeutend mit Vervollkommnung, sei der Weg zur Vollkommenheit, die dem Menschen vorgezeichnet ist. Nun aber drängt sich uns eine Auffassung auf, die vielleicht anderswohin führt. Die Kulturentwicklung erscheint uns als ein eigenartiger Prozeß, der über die Menschheit abläuft, an dem uns manches wie vertraut anmutet. Diesen Prozeß können wir durch die Veränderungen charakterisieren, die er mit den bekannten menschlichen Triebanlagen vornimmt, deren Befriedigung doch die ökonomische Aufgabe unseres Lebens ist. Einige dieser Triebe werden in solcher Weise aufgezehrt, daß an ihrer Stelle etwas auftritt, was wir beim Einzelindividuum als Charaktereigenschaft beschrieben. Das merkwürdigste Beispiel dieses Vorganges haben wir an der Analerotik des jugendlichen Menschen gefunden. Sein ursprüngliches Interesse an der Exkretionsfunktion, ihren Organen und Produkten wandelt sich im Lauf des Wachstums in die Gruppe von Eigenschaften um, die uns als Sparsamkeit, Sinn für Ordnung und Reinlichkeit bekannt sind, die, an und für sich wertvoll und willkommen, sich zu auffälliger Vorherrschaft steigern können und dann das ergeben, was man den Analcharakter heißt. Wie das zugeht, wissen wir nicht, an der Richtigkeit dieser Auffassung ist kein Zweifel[1]. Nun haben wir gefunden, daß Ordnung und Reinlichkeit wesentliche Kulturansprüche sind, obgleich ihre Lebensnotwendigkeit nicht gerade einleuchtet, ebensowenig wie ihre Eignung als Genußquellen.

[1] S. Charakter und Analerotik, 1908 (Ges. Werke, Bd. VII) und zahlreiche weitere Beiträge von E. *Jones* u. a.

An dieser Stelle mußte sich uns die Ähnlichkeit des Kulturprozesses mit der Libidoentwicklung des einzelnen zuerst aufdrängen. Andere Triebe werden dazu veranlaßt, die Bedingungen ihrer Befriedigung zu verschieben, auf andere Wege zu verlegen, was in den meisten Fällen mit der uns wohlbekannten *Sublimierung* (der Triebziele) zusammenfällt, in anderen sich noch von ihr sondern läßt. Die Triebsublimierung ist ein besonders hervorstechender Zug der Kulturentwicklung, sie macht es möglich, daß höhere psychische Tätigkeiten, wissenschaftliche, künstlerische, ideologische, eine so bedeutsame Rolle im Kulturleben spielen. Wenn man dem ersten Eindruck nachgibt, ist man versucht zu sagen, die Sublimierung sei überhaupt ein von der Kultur erzwungenes Triebschicksal. Aber man tut besser, sich das noch länger zu überlegen. Drittens endlich, und das scheint das Wichtigste, ist es unmöglich zu übersehen, in welchem Ausmaß die Kultur auf Triebverzicht aufgebaut ist, wie sehr sie gerade die Nichtbefriedigung (Unterdrückung, Verdrängung oder sonst etwas?) von mächtigen Trieben zur Voraussetzung hat. Diese »Kulturversagung« beherrscht das große Gebiet der sozialen Beziehungen der Menschen; wir wissen bereits, sie ist die Ursache der Feindseligkeit, gegen die alle Kulturen zu kämpfen haben. Sie wird auch an unsere wissenschaftliche Arbeit schwere Anforderungen stellen, wir haben da viel Aufklärung zu geben. Es ist nicht leicht zu verstehen, wie man es möglich macht, einem Trieb die Befriedigung zu entziehen. Es ist gar nicht so ungefährlich; wenn man es nicht ökonomisch kompensiert, kann man sich auf ernste Störungen gefaßt machen.

Wenn wir aber wissen wollen, welchen Wert unsere Auffassung der Kulturentwicklung als eines besonderen Prozesses, vergleichbar der normalen Reifung des Individuums, beanspruchen kann, müssen wir offenbar ein anderes Problem in Angriff nehmen, uns die Frage stellen, welchen Einflüssen die Kulturentwicklung ihren Ursprung dankt, wie sie entstanden ist und wodurch ihr Lauf bestimmt wurde.

IV

Diese Aufgabe scheint übergroß, man darf seine Verzagtheit eingestehen. Hier das Wenige, was ich erraten konnte.

Nachdem der Urmensch entdeckt hatte, daß es — wörtlich so verstanden — in seiner Hand lag, sein Los auf der Erde durch Arbeit zu verbessern, konnte es ihm nicht gleichgültig sein, ob ein anderer mit oder gegen ihn arbeitete. Der andere gewann für ihn den Wert des Mitarbeiters, mit dem zusammen zu leben nützlich war. Noch vorher, in seiner affenähnlichen Vorzeit, hatte er die Gewohnheit angenommen, Familien zu bilden; die Mitglieder der Familie waren wahrscheinlich seine ersten Helfer. Vermutlich hing die Gründung der Familie damit zusammen, daß das Bedürfnis genitaler Befriedigung nicht mehr wie ein Gast auftrat, der plötzlich bei einem erscheint und nach seiner Abreise lange nichts mehr von sich hören läßt, sondern sich als Dauermieter beim einzelnen niederließ. Damit bekam das Männchen ein Motiv, das Weib oder allgemeiner: die Sexualobjekte bei sich zu behalten; die Weibchen, die sich von ihren hilflosen Jungen nicht trennen wollten, mußten auch in deren Interesse beim stärkeren Männchen bleiben[1]. In dieser primitiven Familie vermissen wir noch einen wesentlichen Zug der Kultur; die Willkür des Oberhauptes und Vaters war unbeschränkt. In »Totem und Tabu« habe ich versucht, den

[1] Die organische Periodizität des Sexualvorgangs ist zwar erhalten geblieben, aber ihr Einfluß auf die psychische Sexualerregung hat sich eher ins Gegenteil verkehrt. Diese Veränderung hängt am ehesten zusammen mit dem Zurücktreten der Geruchsreize, durch welche der Menstruationsvorgang auf die männliche Psyche einwirkte. Deren Rolle wurde von Gesichtserregungen übernommen, die im Gegensatz zu den intermittierenden Geruchsreizen eine permanente Wirkung unterhalten konnten. Das Tabu der Menstruation entstammt dieser »organischen Verdrängung« als Abwehr einer überwundenen Entwicklungsphase; alle anderen Motivierungen sind wahrscheinlich sekundärer Natur. (Vgl. C. D. *Daly*, Hindumythologie und Kastrationskomplex, Imago XIII, 1927.) Dieser Vorgang wiederholt sich auf einem anderen Niveau, wenn die Götter einer überholten Kulturperiode zu Dämonen werden. Das Zurücktreten der Geruchsreize scheint aber selbst Folge der Abwendung des Menschen von der Erde, des Entschlusses zum aufrechten Gang, der nun die bisher gedeckten Genitalien sichtbar und schutzbedürftig macht und so das Schämen hervorruft. Am Beginne des verhängnisvollen Kulturprozesses stünde also die Aufrichtung des Menschen. Die Verkettung läuft von hier aus über die Entwertung der Geruchsreize und die Isolierung der Periode zum Übergewicht der Gesichtsreize, Sichtbarwerden der Genitalien, weiter zur Kontinuität der Sexualerregung, Gründung der Familie und damit zur Schwelle der menschlichen Kultur. Dies ist nur eine theoretische Spekulation, aber wichtig genug, um eine exakte Nachprüfung an den Lebensverhältnissen der dem Menschen nahestehenden Tiere zu verdienen.

Auch in dem Kulturstreben nach Reinlichkeit, das in hygienischen Rücksichten eine nachträgliche Rechtfertigung findet, aber sich bereits vor dieser Einsicht geäußert hat, ist ein soziales Moment unverkennbar. Der Antrieb zur Reinlichkeit entspringt dem Drang nach Beseitigung der Exkremente, die der Sinneswahrnehmung unangenehm geworden sind. Wir wissen, daß es in der Kinderstube anders ist. Die Exkremente erregen beim Kinde keinen Abscheu, erscheinen ihm als losgelöster Teil seines Körpers wertvoll. Die Erziehung dringt hier besonders energisch auf die Beschleunigung des bevorstehenden Entwicklungsganges, der die Exkremente wertlos, ekelhaft, abscheulich und verwerflich machen soll. Eine solche Umwertung wäre kaum möglich, wenn diese dem Körper entzogenen Stoffe nicht durch ihre starken Gerüche verurteilt wären, an dem Schicksal teilzunehmen, das nach der Aufrichtung des Menschen vom Boden den Geruchsreizen vorbehalten ist. Die Analerotik erliegt also zunächst der »organischen Verdrängung«, die den Weg zur Kultur gebahnt hat. Der soziale Faktor, der die weitere Umwandlung der Analerotik besorgt, bezeugt sich durch die Tatsache, daß trotz aller Entwicklungsfortschritte dem Menschen der Geruch der eigenen Exkremente kaum anstößig ist, immer nur der der Ausscheidungen des anderen. Der Unreinliche, d. h. der, der seine Exkremente nicht verbirgt, beleidigt also den anderen, zeigt keine Rücksicht für ihn, und dasselbe besagen ja auch die kräftigsten, gebräuchlichsten Beschimpfungen. Es wäre auch unverständlich, daß der Mensch den Namen seines treuesten Freundes in der Tierwelt als Schimpfwort verwendet, wenn der Hund nicht durch zwei Eigenschaften die Verachtung des Menschen auf sich zöge, daß er ein Geruchstier ist, das sich vor Exkrementen nicht scheut, und daß er sich seiner sexuellen Funktionen nicht schämt.

Weg aufzuzeigen, der von dieser Familie zur nächsten Stufe des Zusammenlebens in Form der Brüderbünde führte. Bei der Überwältigung des Vaters hatten die Söhne die Erfahrung gemacht, daß eine Vereinigung stärker sein kann als der einzelne. Die totemistische Kultur ruht auf den Einschränkungen, die sie zur Aufrechterhaltung des neuen Zustandes einander auferlegen mußten. Die Tabuvorschriften waren das erste »Recht«. Das Zusammenleben der Menschen war also zweifach begründet durch den Zwang zur Arbeit, den die äußere Not schuf, und durch die Macht der Liebe, die von seiten des Mannes das Sexualobjekt im Weibe, von seiten des Weibes das von ihr abgelöste Teilstück des Kindes nicht entbehren wollte. Eros und Ananke sind auch die Eltern der menschlichen Kultur geworden. Der erste Kulturerfolg war, daß nun auch eine größere Anzahl von Menschen in Gemeinschaft bleiben konnten. Und da beide großen Mächte dabei zusammenwirkten, könnte man erwarten, daß sich die weitere Entwicklung glatt vollziehen würde, zu immer besserer Beherrschung der Außenwelt wie zur weiteren Ausdehnung der von der Gemeinschaft umfaßten Menschenzahl. Man versteht auch nicht leicht, wie diese Kultur auf ihre Teilnehmer anders als beglückend wirken kann.

Ehe wir noch untersuchen, woher eine Störung kommen kann, lassen wir uns durch die Anerkennung der Liebe als einer Grundlage der Kultur ablenken, um eine Lücke in einer früheren Erörterung auszufüllen. Wir sagten, die Erfahrung, daß die geschlechtliche (genitale) Liebe dem Menschen die stärksten Befriedigungserlebnisse gewähre, ihm eigentlich das Vorbild für alles Glück gebe, müßte es nahegelegt haben, die Glückbefriedigung im Leben auch weiterhin auf dem Gebiet der geschlechtlichen Beziehungen zu suchen, die genitale Erotik in den Mittelpunkt des Lebens zu stellen. Wir setzten fort, daß man sich auf diesem Wege in bedenklichster Weise von einem Stück der Außenwelt, nämlich vom gewählten Liebesobjekt, abhängig mache und dem stärksten Leiden aussetze, wenn man von diesem verschmäht werde oder es durch Untreue oder Tod verliere. Die Weisen aller Zeiten haben darum nachdrücklichst von diesem Lebensweg abgeraten; er hat dennoch für eine große Anzahl von Menschenkindern seine Anziehung nicht verloren.

Einer geringen Minderzahl wird es durch ihre Konstitution ermöglicht, das Glück doch auf dem Wege der Liebe zu finden, wobei aber weitgehende seelische Abänderungen der Liebesfunktion unerläßlich sind. Diese Personen machen sich von der Zustimmung des Objekts unabhängig, indem sie den Hauptwert vom Geliebtwerden auf das eigene Lieben verschieben, sie schützen sich gegen den Verlust, indem sie ihre Liebe nicht auf einzelne Objekte, sondern in gleichem Maße auf alle Menschen richten, und sie vermeiden die Schwankungen und Enttäuschungen der genitalen Liebe dadurch, daß sie von deren Sexualziel ablenken, den Trieb in eine *zielgehemmte* Regung verwandeln. Was sie auf diese Art bei sich zustande bringen, der Zustand eines gleichschwebenden, unbeirrbaren, zärtlichen Empfindens, hat mit dem stürmisch bewegten, genitalen Liebesleben, von dem es doch abgeleitet ist, nicht mehr viel äußere Ähnlichkeit. Der heilige *Franciscus von Assisi* mag es in dieser Ausnützung der Liebe für das innere Glücksgefühl am weitesten gebracht haben; was wir als eine der Techniken der Erfüllung des Lustprinzips erkennen, ist auch vielfach in Beziehung zur Religion gebracht worden, mit der es in jenen entlegenen Regionen zusammenhängen mag, wo die Unterscheidung des Ichs von den Objekten und dieser voneinander vernachlässigt wird. Eine ethische Betrachtung, deren tiefere Motivierung uns noch offenbar werden wird, will in dieser Bereitschaft zur allgemeinen Menschen- und Weltliebe die höchste Einstellung sehen, zu der sich der Mensch erheben kann. Wir möchten schon hier unsere zwei hauptsächlichen Bedenken nicht zurückhalten. Eine Liebe, die nicht auswählt, scheint uns einen Teil ihres eigenen Werts einzubüßen, indem sie an dem Objekt ein Unrecht tut. Und weiter: es sind nicht alle Menschen liebenswert.

Jene Liebe, welche die Familie gründete, bleibt in ihrer ursprünglichen Ausprägung, in der sie auf direkte sexuelle Befriedigung nicht verzichtet, sowie in ihrer Modifikation als zielgehemmte Zärtlichkeit in der Kultur weiter wirksam. In beiden Formen setzt sie ihre Funktion fort, eine größere Anzahl von Menschen aneinander zu binden und in intensiverer Art, als es dem Interesse der Arbeitsgemeinschaft gelingt. Die Nachlässigkeit der Sprache in der Anwendung des Wortes »Liebe« findet eine genetische Rechtfertigung. Liebe nennt man die Beziehung zwischen Mann und Weib, die auf Grund ihrer genitalen Bedürfnisse eine Familie gegründet haben, Liebe aber auch die positiven Gefühle zwischen Eltern und Kindern, zwischen den Geschwistern in der Familie, obwohl wir diese Beziehung als zielgehemmte Liebe, als Zärtlichkeit, beschreiben müssen. Die zielgehemmte Liebe war eben ursprünglich vollsinnliche Liebe und ist es im Unbewußten des Menschen noch immer. Beide, vollsinnliche und zielgehemmte Liebe, greifen über die Familie hinaus und stellen neue Bindungen an bisher Fremde her. Die genitale Liebe führt zu neuen Familienbildungen, die zielgehemmte zu »Freundschaften«, welche kulturell wichtig werden, weil sie manchen Beschränkungen der genitalen Liebe, z. B. deren Ausschließlichkeit, entgehen. Aber das Verhältnis der Liebe zur Kultur verliert im Verlaufe der Entwicklung seine Eindeutigkeit. Einerseits widersetzt sich die

Liebe den Interessen der Kultur, anderseits bedroht die Kultur die Liebe mit empfindlichen Einschränkungen.

Diese Entzweiung scheint unvermeidlich; ihr Grund ist nicht sofort zu erkennen. Sie äußert sich zunächst als ein Konflikt zwischen der Familie und der größeren Gemeinschaft, der der einzelne angehört. Wir haben bereits erraten, daß es eine der Hauptbestrebungen der Kultur ist, die Menschen zu großen Einheiten zusammenzuballen. Die Familie will aber das Individuum nicht freigeben. Je inniger der Zusammenhalt der Familienmitglieder ist, desto mehr sind sie oft geneigt, sich von anderen abzuschließen, desto schwieriger wird ihnen der Eintritt in den größeren Lebenskreis. Die phylogenetisch ältere, in der Kindheit allein bestehende Weise des Zusammenlebens wehrt sich, von der später erworbenen kulturellen abgelöst zu werden. Die Ablösung von der Familie wird für jeden Jugendlichen zu einer Aufgabe, bei deren Lösung ihn die Gesellschaft oft durch Pubertäts- und Aufnahmsriten unterstützt. Man gewinnt den Eindruck, dies seien Schwierigkeiten, die jeder psychischen, ja im Grunde auch jeder organischen Entwicklung anhängen.

Ferner treten bald die Frauen in einen Gegensatz zur Kulturströmung und entfalten ihren verzögernden und zurückhaltenden Einfluß, dieselben, die anfangs durch die Forderungen ihrer Liebe das Fundament der Kultur gelegt hatten. Die Frauen vertreten die Interessen der Familie und des Sexuallebens; die Kulturarbeit ist immer mehr Sache der Männer geworden, stellt ihnen immer schwierigere Aufgaben, nötigt sie zu Triebsublimierungen, denen die Frauen wenig gewachsen sind. Da der Mensch nicht über unbegrenzte Quantitäten psychischer Energie verfügt, muß er seine Aufgaben durch zweckmäßige Verteilung der Libido erledigen. Was er für kulturelle Zwecke verbraucht, entzieht er großenteils den Frauen und dem Sexualleben: das beständige Zusammensein mit Männern, seine Abhängigkeit von den Beziehungen zu ihnen entfremden ihn sogar seinen Aufgaben als Ehemann und Vater. So sieht sich die Frau durch die Ansprüche der Kultur in den Hintergrund gedrängt und tritt zu ihr in ein feindliches Verhältnis.

Von seiten der Kultur ist die Tendenz zur Einschränkung des Sexuallebens nicht minder deutlich als die andere zur Ausdehnung des Kulturkreises. Schon die erste Kulturphase, die des Totemismus, bringt das Verbot der inzestuösen Objektwahl mit sich, vielleicht die einschneidendste Verstümmelung, die das menschliche Liebesleben im Laufe der Zeiten erfahren hat. Durch Tabu, Gesetz und Sitte werden weitere Einschränkungen hergestellt, die sowohl die Männer als die Frauen betreffen. Nicht alle Kulturen gehen darin gleich weit; die wirtschaftliche

Struktur der Gesellschaft beeinflußt auch das Maß der restlichen Sexualfreiheit. Wir wissen schon, daß die Kultur dabei dem Zwang der ökonomischen Notwendigkeit folgt, da sie der Sexualität einen großen Betrag der psychischen Energie entziehen muß, die sie selbst verbraucht. Dabei benimmt sich die Kultur gegen die Sexualität wie ein Volksstamm oder eine Schicht der Bevölkerung, die eine andere ihrer Ausbeutung unterworfen hat. Die Angst vor dem Aufstand der Unterdrückten treibt zu strengen Vorsichtsmaßregeln. Einen Höhepunkt solcher Entwicklung zeigt unsere westeuropäische Kultur. Es ist psychologisch durchaus berechtigt, daß sie damit einsetzt, die Äußerungen des kindlichen Sexuallebens zu verpönen, denn die Eindämmung der sexuellen Gelüste der Erwachsenen hat keine Aussicht, wenn ihr nicht in der Kindheit vorgearbeitet wurde. Nur läßt es sich auf keine Art rechtfertigen, daß die Kulturgesellschaft so weit gegangen ist, diese leicht nachweisbaren, ja auffälligen Phänomene auch zu leugnen. Die Objektwahl des geschlechtsreifen Individuums wird auf das gegenteilige Geschlecht eingeengt, die meisten außergenitalen Befriedigungen als Perversionen untersagt. Die in diesen Verboten kundgegebene Forderung eines für alle gleichartigen Sexuallebens setzt sich über die Ungleichheiten in der angeborenen und erworbenen Sexualkonstitution der Menschen hinaus, schneidet eine ziemliche Anzahl von ihnen vom Sexualgenuß ab und wird so die Quelle schwerer Ungerechtigkeit. Der Erfolg dieser einschränkenden Maßregeln könnte nun sein, daß bei denen, die normal, die nicht konstitutionell daran verhindert sind, alles Sexualinteresse ohne Einbuße in die offen gelassenen Kanäle einströmt. Aber was von der Ächtung frei bleibt, die heterosexuelle genitale Liebe, wird durch die Beschränkungen der Legitimität und der Einehe weiter beeinträchtigt. Die heutige Kultur gibt deutlich zu erkennen, daß sie sexuelle Beziehungen nur auf Grund einer einmaligen, unauflösbaren Bindung eines Mannes an ein Weib gestatten will, daß sie die Sexualität als selbständige Lustquelle nicht mag und sie nur als bisher unersetzte Quelle für die Vermehrung der Menschen zu dulden gesinnt ist.

Das ist natürlich ein Extrem. Es ist bekannt, daß es sich als undurchführbar, selbst für kürzere Zeiten, erwiesen hat. Nur die Schwächlinge haben sich einem so weitgehenden Einbruch in ihre Sexualfreiheit gefügt, stärkere Naturen nur unter einer kompensierenden Bedingung, von der später die Rede sein kann. Die Kulturgesellschaft hat sich genötigt gesehen, viele Überschreitungen stillschweigend zuzulassen, die sie nach ihren Satzungen hätte verfolgen müssen. Doch darf man nicht nach der anderen Seite irregehen und annehmen, eine solche kulturelle Einstellung sei überhaupt harmlos, weil sie nicht alle ihre Absichten erreiche. Das Sexualleben des Kulturmenschen ist doch schwer geschädigt, es macht mitunter den Eindruck einer in Rückbildung befindlichen Funktion, wie unser Gebiß und unsere Kopfhaare als Organe zu sein scheinen. Man hat wahrscheinlich ein Recht, anzunehmen, daß seine Bedeutung als Quelle von Glücksempfindungen, also in der Erfüllung unseres Lebenszweckes, empfindlich nachgelassen hat[1]. Manchmal glaubt man zu erkennen, es sei nicht allein der Druck der Kultur, sondern etwas am Wesen der Funktion selbst versage uns die volle Befriedigung und dränge uns auf andere Wege. Es mag ein Irrtum sein, es ist schwer zu entscheiden[2].

[1] Unter den Dichtungen des feinsinnigen Engländers J. *Galsworthy*, der sich heute allgemeiner Anerkennung erfreut, schätzte ich früh eine kleine Geschichte, betitelt: »The Appletree«. Sie zeigt in eindringlicher Weise, wie im Leben des heutigen Kulturmenschen für die einfache, natürliche Liebe zweier Menschenkinder kein Raum mehr ist.

[2] Folgende Bemerkungen, um die oben ausgesprochene Vermutung zu stützen: Auch der Mensch ist ein Tierwesen von unzweideutig bisexueller Anlage. Das Individuum entspricht einer Verschmelzung zweier symmetrischer Hälften, von denen nach Ansicht mancher Forscher die eine rein männlich, die andere weiblich ist. Ebensowohl ist es möglich, daß jede Hälfte ursprünglich hermaphroditisch war. Die Geschlechtlichkeit ist eine biologische Tatsache, die, obwohl von außerordentlicher Bedeutung für das Seelenleben, psychologisch schwer zu erfassen ist. Wir sind gewohnt zu sagen: jeder Mensch zeige sowohl männliche als weibliche Triebregungen, Bedürfnisse, Eigenschaften, aber den Charakter des Männlichen und Weiblichen kann zwar die Anatomie, aber nicht die Psychologie aufzeigen. Für sie verblaßt der geschlechtliche Gegensatz zu dem von Aktivität und Passivität, wobei wir allzu unbedenklich die Aktivität mit der Männlichkeit, die Passivität mit der Weiblichkeit zusammenfallen lassen, was sich in der Tierreihe keineswegs ausnahmslos bestätigt. Die Lehre von der Bisexualität liegt noch sehr im dunkeln, und daß sie noch keine Verknüpfung mit der Trieblehre gefunden hat, müssen wir in der Psychoanalyse als schwere Störung verspüren. Wie dem auch sein mag, wenn wir als tatsächlich annehmen, daß der einzelne in seinem Sexualleben männliche wie weibliche Wünsche befriedigen will, sind wir für die Möglichkeit vorbereitet, daß diese Ansprüche nicht durch das nämliche Objekt erfüllt werden und daß sie einander stören, wenn es nicht gelingt, sie auseinander zu halten und jede Regung in eine besondere, ihr angemessene Bahn zu leiten. Eine andere Schwierigkeit ergibt sich daraus, daß der erotischen Beziehung außer der ihr eigenen sadistischen Komponente so häufig ein Betrag von direkter Aggressionsneigung beigesellt ist. Das Liebesobjekt wird diesen Komplikationen nicht immer soviel Verständnis und Toleranz entgegenbringen, wie jene Bäuerin, die sich beklagt, daß ihr Mann sie nicht mehr liebt, weil er sie seit einer Woche nicht mehr geprügelt hat.
Am tiefsten reicht aber die Vermutung, die an die Ausführungen in der Anmerkung S. 93 anknüpft, daß mit der Aufrichtung des Menschen und der Entwertung des Geruchssinnes die gesamte Sexualität, nicht nur die Analerotik, ein Opfer der organischen Verdrängung zu werden drohte, so daß seither die sexuelle Funktion von einem weiter nicht zu begründenden Widerstreben begleitet wird, das eine volle Befriedigung verhindert und vom Sexualziel weggedrängt zu Sublimierungen und Libidoverschiebungen. Ich weiß, daß *Bleuler* (»Der Sexualwiderstand«. Jahrbuch für psychoanalyt. und psychopathol. Forschungen, Bd. V, 1913) einmal auf das Vorhandensein einer solchen ursprünglichen abweisenden Einstellung zum Sexualleben hingewiesen hat. An der Tatsache des *»Inter urinas et faeces nascimur«* nehmen alle Neurotiker und viele außer ihnen Anstoß. Die Genitalien erzeugen auch starke Geruchsempfindungen, die vielen Menschen unerträglich sind und ihnen den Sexualverkehr verleiden. So ergäbe sich als tiefste Wurzel der mit der Kultur fortschreitenden Sexualverdrängung die organische Abwehr der mit dem aufrechten Gang gewonnenen neuen Lebensform gegen die frühere animalische Existenz, ein Resultat wissenschaftlicher Erforschung, das sich in merkwürdiger Weise mit oft laut gewordenen banalen Vorurteilen deckt. Immerhin sind dies derzeit nur ungesicherte, von der Wissenschaft nicht erhärtete Möglichkeiten. Wir wollen auch nicht vergessen,

V

Die psychoanalytische Arbeit hat uns gelehrt, daß gerade diese Versagungen des Sexuallebens von den sogenannten Neurotikern nicht vertragen werden. Sie schaffen sich in ihren Symptomen Ersatzbefriedigungen, die aber entweder an sich Leiden schaffen oder Leidensquelle werden, indem sie ihnen Schwierigkeiten mit Umwelt und Gesellschaft bereiten. Das letztere ist leicht verständlich, das andere gibt uns ein neues Rätsel auf. Die Kultur verlangt aber noch andere Opfer als an Sexualbefriedigung.

Wir haben die Schwierigkeit der Kulturentwicklung als eine allgemeine Entwicklungsschwierigkeit aufgefaßt, indem wir sie auf die Tätigkeit der Libido zurückführten, auf deren Abneigung, eine alte Position gegen eine neue zu verlassen. Wir sagen ungefähr dasselbe, wenn wir den Gegensatz zwischen Kultur und Sexualität davon ableiten, daß die sexuelle Liebe ein Verhältnis zwischen zwei Personen ist, bei dem ein Dritter nur überflüssig oder störend sein kann, während die Kultur auf Beziehungen unter einer größeren Menschenanzahl ruht. Auf der Höhe eines Liebesverhältnisses bleibt kein Interesse für die Umwelt übrig; das Liebespaar genügt sich selbst, braucht auch nicht das gemeinsame Kind, um glücklich zu sein. In keinem anderen Falle verrät der Eros so deutlich den Kern seines Wesens, die Absicht, aus mehreren eines zu machen; aber wenn er dies, wie es sprichwörtlich geworden ist, in der Verliebtheit zweier Menschen zueinander erreicht hat, will er darüber nicht hinausgehen.

Wir können uns bisher sehr gut vorstellen, daß eine Kulturgemeinschaft aus solchen Doppelindividuen bestünde, die, in sich libidinös gesättigt, durch das Band der Arbeits- und Interessengemeinschaft miteinander verknüpft sind. In diesem Falle brauchte die Kultur der Sexualität keine Energie zu entziehen. Aber dieser wünschenswerte Zustand besteht nicht und hat niemals bestanden; die Wirklichkeit zeigt uns, daß die Kultur sich nicht mit den ihr bisher zugestandenen Bindungen begnügt, daß sie die Mitglieder der Gemeinschaft auch libidinös aneinander binden will, daß sie sich aller Mittel hierzu bedient, jeden Weg begünstigt, starke Identifizierungen unter ihnen herzustellen, im größten Ausmaße zielgehemmte Libido aufbietet, um die Gemeinschaftsbande durch Freundschaftsbeziehungen zu kräftigen. Zur Erfüllung dieser Absichten wird die

daß trotz der unleugbaren Entwertung der Geruchsreize es selbst in Europa Völker gibt, die die starken, uns so widrigen Genitalgerüche als Reizmittel der Sexualität hochschätzen und auf sie nicht verzichten wollen. (Siehe die folkloristischen Erhebungen auf die »Umfrage« von Iwan *Bloch* »Über den Geruchssinn in der vita sexualis« in verschiedenen Jahrgängen der »Anthropophyteia« von Friedrich S. *Krauß*.)

Einschränkung des Sexuallebens unvermeidlich. Uns fehlt aber die Einsicht in die Notwendigkeit, welche die Kultur auf diesen Weg drängt und ihre Gegnerschaft zur Sexualität begründet. Es muß sich um einen von uns noch nicht entdeckten störenden Faktor handeln.

Eine der sogenannten Idealforderungen der Kulturgesellschaft kann uns hier die Spur zeigen. Sie lautet: Du sollst den Nächsten lieben wie dich selbst; sie ist weltberühmt, gewiß älter als das Christentum, das sie als seinen stolzesten Anspruch vorweist, aber sicherlich nicht sehr alt; in historischen Zeiten war sie den Menschen noch fremd. Wir wollen uns naiv zu ihr einstellen, als hörten wir von ihr zum ersten Male. Dann können wir ein Gefühl von Überraschung und Befremden nicht unterdrücken. Warum sollen wir das? Was soll es uns helfen? Vor allem aber, wie bringen wir das zustande? Wie wird es uns möglich? Meine Liebe ist etwas mir Wertvolles, das ich nicht ohne Rechenschaft verwerfen darf. Sie legt mir Pflichten auf, die ich mit Opfern zu erfüllen bereit sein muß. Wenn ich einen anderen liebe, muß er es auf irgendeine Art verdienen. (Ich sehe von dem Nutzen, den er mir bringen kann, sowie von seiner möglichen Bedeutung als Sexualobjekt für mich ab; diese beiden Arten der Beziehung kommen für die Vorschrift der Nächstenliebe nicht in Betracht.) Er verdient es, wenn er mir in wichtigen Stücken so ähnlich ist, daß ich in ihm mich selbst lieben kann; er verdient es, wenn er so viel vollkommener ist als ich, daß ich mein Ideal von meiner eigenen Person in ihm lieben kann; ich muß ihn lieben, wenn er der Sohn meines Freundes ist, denn der Schmerz des Freundes, wenn ihm ein Leid zustößt, wäre auch mein Schmerz, ich müßte ihn teilen. Aber wenn er mir fremd ist und mich durch keinen eigenen Wert, keine bereits erworbene Bedeutung für mein Gefühlsleben anziehen kann, wird es mir schwer, ihn zu lieben. Ich tue sogar unrecht damit, denn meine Liebe wird von all den Meinen als Bevorzugung geschätzt; es ist ein Unrecht an ihnen, wenn ich den Fremden ihnen gleichstelle. Wenn ich ihn aber lieben soll, mit jener Weltliebe, bloß weil er auch ein Wesen dieser Erde ist wie das Insekt, der Regenwurm, die Ringelnatter, dann wird, fürchte ich, ein geringer Betrag Liebe auf ihn entfallen, unmöglich soviel, als ich nach dem Urteil der Vernunft berechtigt bin für mich selbst zurückzuhalten. Wozu eine so feierlich auftretende Vorschrift, wenn ihre Erfüllung sich nicht als vernünftig empfehlen kann?

Wenn ich näher zusehe, finde ich noch mehr Schwierigkeiten. Dieser Fremde ist nicht nur im allgemeinen nicht liebenswert, ich muß ehrlich bekennen, er hat mehr Anspruch auf meine Feindseligkeit, sogar auf meinen Haß. Er scheint nicht die mindeste Liebe für mich zu haben, bezeigt mir nicht die geringste

Rücksicht. Wenn es ihm einen Nutzen bringt, hat er keine Bedenken, mich zu schädigen, fragt sich dabei auch nicht, ob die Höhe seines Nutzens der Größe des Schadens, den er mir zufügt, entspricht. Ja, er braucht nicht einmal einen Nutzen davon zu haben; wenn er nur irgendeine Lust damit befriedigen kann, macht er sich nichts daraus, mich zu verspotten, zu beleidigen, zu verleumden, seine Macht an mir zu zeigen, und je sicherer er sich fühlt, je hilfloser ich bin, desto sicherer darf ich dies Benehmen gegen mich von ihm erwarten. Wenn er sich anders verhält, wenn er mir als Fremdem Rücksicht und Schonung erweist, bin ich ohnedies, ohne jene Vorschrift, bereit, es ihm in ähnlicher Weise zu vergelten. Ja, wenn jenes großartige Gebot lauten würde: Liebe deinen Nächsten wie dein Nächster dich liebt, dann würde ich nicht widersprechen. Es gibt ein zweites Gebot, das mir noch unfaßbarer scheint und ein noch heftigeres Sträuben in mir entfesselt. Es heißt: Liebe deine Feinde. Wenn ich's recht überlege, habe ich unrecht, es als eine noch stärkere Zumutung abzuweisen. Es ist im Grunde dasselbe[1].

Ich glaube nun von einer würdevollen Stimme die Mahnung zu hören: Eben darum, weil der Nächste nicht liebenswert und eher dein Feind ist, sollst du ihn lieben wie dich selbst. Ich verstehe dann, das ist ein ähnlicher Fall wie das *Credo quia absurdum.*

Es ist nun sehr wahrscheinlich, daß der Nächste, wenn er aufgefordert wird, mich so zu lieben wie sich selbst, genau so antworten wird wie ich und mich mit den nämlichen Begründungen abweisen wird. Ich hoffe, nicht mit demselben objektiven Recht, aber dasselbe wird auch er meinen. Immerhin gibt es Unterschiede im Verhalten der Menschen, die die Ethik mit Hinwegsetzung über deren Bedingtheit als »gut« und »böse« klassifiziert. Solange diese unleugbaren Unterschiede nicht aufgehoben sind, bedeutet die Befolgung der hohen ethischen Forderungen eine Schädigung der Kulturabsichten, indem sie direkte Prämien für das Bösesein aufstellt. Man kann hier die Erinnerung an einen Vorgang nicht abweisen, der sich in der französischen Kammer zutrug, als über die Todesstrafe verhandelt wurde; ein Redner hatte sich leidenschaftlich für ihre

---

1 Ein großer Dichter darf sich gestatten, schwer verpönte psychologische Wahrheiten wenigstens scherzend zum Ausdruck zu bringen. So gesteht H. *Heine*: »Ich habe die friedlichste Gesinnung. Meine Wünsche sind: eine bescheidene Hütte, ein Strohdach, aber ein gutes Bett, gutes Essen, Milch und Butter, sehr frisch, vor dem Fenster Blumen, vor der Tür einige schöne Bäume, und wenn der liebe Gott mich ganz glücklich machen will, läßt er mich die Freude erleben, daß an diesen Bäumen etwa sechs bis sieben meiner Feinde aufgehängt werden. Mit gerührtem Herzen werde ich ihnen vor ihrem Tode alle Unbill verzeihen, die sie mir im Leben zugefügt — ja, man muß seinen Feinden verzeihen, aber nicht früher, als bis sie gehenkt werden.« (*Heine*, Gedanken und Einfälle.)

Abschaffung eingesetzt und erntete stürmischen Beifall, bis eine Stimme aus dem Saale die Worte dazwischenrief: *»Que messieurs les assassins commencent!«*

Das gern verleugnete Stück Wirklichkeit hinter alledem ist, daß der Mensch nicht ein sanftes, liebebedürftiges Wesen ist, das sich höchstens, wenn angegriffen, auch zu verteidigen vermag, sondern daß er zu seinen Triebbegabungen auch einen mächtigen Anteil von Aggressionsneigung rechnen darf. Infolgedessen ist ihm der Nächste nicht nur möglicher Helfer und Sexualobjekt, sondern auch eine Versuchung, seine Aggression an ihm zu befriedigen, seine Arbeitskraft ohne Entschädigung auszunützen, ihn ohne seine Einwilligung sexuell zu gebrauchen, sich in den Besitz seiner Habe zu setzen, ihn zu demütigen, ihm Schmerzen zu bereiten, ihn zu martern und zu töten. *Homo homini lupus;* wer hat nach allen Erfahrungen des Lebens und der Geschichte den Mut, diesen Satz zu bestreiten? Diese grausame Aggression wartet in der Regel eine Provokation ab oder stellt sich in den Dienst einer anderen Absicht, deren Ziel auch mit milderem Mitteln zu erreichen wäre. Unter ihr günstigen Umständen, wenn die seelischen Gegenkräfte, die sie sonst hemmen, weggefallen sind, äußert sie sich auch spontan, enthüllt den Menschen als wilde Bestie, der die Schonung der eigenen Art fremd ist. Wer die Greuel der Völkerwanderung, der Einbrüche der Hunnen, der sogenannten Mongolen unter Dschengis Khan und Timurlenk, der Eroberung Jerusalems durch die frommen Kreuzfahrer, ja selbst noch die Schrecken des letzten Weltkrieges in seine Erinnerung ruft, wird sich vor der Tatsächlichkeit dieser Auffassung demütig beugen müssen.

Die Existenz dieser Aggressionsneigung, die wir bei uns selbst verspüren können, beim anderen mit Recht voraussetzen, ist das Moment, das unser Verhältnis zum Nächsten stört und die Kultur zu ihrem Aufwand nötigt. Infolge dieser primären Feindseligkeit der Menschen gegeneinander ist die Kulturgesellschaft beständig vom Zerfall bedroht. Das Interesse der Arbeitsgemeinschaft würde sie nicht zusammenhalten, triebhafte Leidenschaften sind stärker als vernünftige Interessen. Die Kultur muß alles aufbieten, um den Aggressionstrieben der Menschen Schranken zu setzen, ihre Äußerungen durch psychische Reaktionsbildungen niederzuhalten. Daher also das Aufgebot von Methoden, die die Menschen zu Identifizierungen und zielgehemmten Liebesbeziehungen antreiben sollen, daher die Einschränkung des Sexuallebens und daher auch das Idealgebot, den Nächsten so zu lieben wie sich selbst, das sich wirklich dadurch rechtfertigt, daß nichts anderes der ursprünglichen menschlichen Natur so sehr zuwiderläuft. Durch alle ihre Mühen hat diese Kulturbestrebung bisher nicht sehr viel erreicht. Die gröbsten Ausschreitungen der brutalen Gewalt hofft sie zu verhüten, indem sie sich selbst das Recht beilegt, an den Verbrechern Gewalt zu üben, aber die vorsichtigeren und feineren Äußerungen der menschlichen Aggression vermag das Gesetz nicht zu erfassen. Jeder von uns kommt dahin, die Erwartungen, die er in der Jugend an seine Mitmenschen knüpft, als Illusionen fallen zu lassen, und kann erfahren, wie sehr ihm das Leben durch deren Übelwollen erschwert und schmerzhaft gemacht wird. Dabei wäre es ein Unrecht, der Kultur vorzuwerfen, daß sie Streit und Wettkampf aus den menschlichen Betätigungen ausschließen will. Diese sind sicherlich unentbehrlich, aber Gegnerschaft ist nicht notwendig Feindschaft, wird nur zum Anlaß für sie mißbraucht.

Die Kommunisten glauben den Weg zur Erlösung vom Übel gefunden zu haben. Der Mensch ist eindeutig gut, seinem Nächsten wohlgesinnt, aber die Einrichtung des privaten Eigentums hat seine Natur verdorben. Besitz an privaten Gütern gibt dem einen die Macht und damit die Versuchung, den Nächsten zu mißhandeln; der vom Besitz Ausgeschlossene muß sich in Feindseligkeit gegen den Unterdrücker auflehnen. Wenn man das Privateigentum aufhebt, alle Güter gemeinsam macht und alle Menschen an deren Genuß teilnehmen läßt, werden Übelwollen und Feindseligkeit unter den Menschen verschwinden. Da alle Bedürfnisse befriedigt sind, wird keiner Grund haben, in dem anderen seinen Feind zu sehen; der notwendigen Arbeit werden sich alle bereitwillig unterziehen. Ich habe nichts mit der wirtschaftlichen Kritik des kommunistischen Systems zu tun, ich kann nicht untersuchen, ob die Abschaffung des privaten Eigentums zweckdienlich und vorteilhaft ist[1]. Aber seine psychologische Voraussetzung vermag ich als haltlose Illusion zu erkennen. Mit der Aufhebung des Privateigentums entzieht man der menschlichen Aggressionslust eines ihrer Werkzeuge, gewiß ein starkes, und gewiß nicht das stärkste. An den Unterschieden von Macht und Einfluß, welche die Aggression für ihre Absichten mißbraucht, daran hat man nichts geändert, auch an ihrem Wesen nicht. Sie ist nicht durch das Eigentum geschaffen worden, herrschte fast uneingeschränkt in Urzeiten, als das Eigentum noch sehr armselig war, zeigt sich bereits in der Kinderstube, kaum daß das Eigentum seine anale Urform aufgege-

1 Wer in seinen eigenen jungen Jahren das Elend der Armut verkostet, die Gleichgiltigkeit und den Hochmut der Besitzenden erfahren hat, sollte vor dem Verdacht geschützt sein, daß er kein Verständnis und kein Wohlwollen für die Bestrebungen hat, die Besitzungleichheit der Menschen und was sich aus ihr ableitet, zu bekämpfen. Freilich, wenn sich dieser Kampf auf die abstrakte Gerechtigkeitsforderung der Gleichheit aller Menschen berufen will, liegt der Einwand zu nahe, daß die Natur durch die höchst ungleichmäßige körperliche Ausstattung und geistige Begabung der Einzelnen Ungerechtigkeiten eingesetzt hat, gegen die es keine Abhilfe gibt.

ben hat, bildet den Bodensatz aller zärtlichen und Liebesbeziehungen unter den Menschen, vielleicht mit alleiniger Ausnahme der einer Mutter zu ihrem männlichen Kind. Räumt man das persönliche Anrecht auf dingliche Güter weg, so bleibt noch das Vorrecht aus sexuellen Beziehungen, das die Quelle der stärksten Mißgunst und der heftigsten Feindseligkeit unter den sonst gleichgestellten Menschen werden muß. Hebt man auch dieses auf durch die völlige Befreiung des Sexuallebens, beseitigt also die Familie, die Keimzelle der Kultur, so läßt sich zwar nicht vorhersehen, welche neuen Wege die Kulturentwicklung einschlagen kann; aber eines darf man erwarten, daß der unzerstörbare Zug der menschlichen Natur ihr auch dorthin folgen wird.

Es wird den Menschen offenbar nicht leicht, auf die Befriedigung dieser ihrer Aggressionsneigung zu verzichten; sie fühlen sich nicht wohl dabei. Der Vorteil eines kleineren Kulturkreises, daß er dem Trieb einen Ausweg an der Befeindung der Außenstehenden gestattet, ist nicht gering zu schätzen. Es ist immer möglich, eine größere Menge von Menschen in Liebe aneinander zu binden, wenn nur andere für die Äußerung der Aggression übrig bleiben. Ich habe mich einmal mit dem Phänomen beschäftigt, daß gerade benachbarte und einander auch sonst nahestehende Gemeinschaften sich gegenseitig befehden und verspotten, so Spanier und Portugiesen, Nord- und Süddeutsche, Engländer und Schotten usw. Ich gab ihm den Namen »Narzißmus der kleinen Differenzen«, der nicht viel zur Erklärung beiträgt. Man erkennt nun darin eine bequeme und relativ harmlose Befriedigung der Aggressionsneigung, durch die den Mitgliedern der Gemeinschaft das Zusammenhalten erleichtert wird. Das überallhin versprengte Volk der Juden hat sich in dieser Weise anerkennenswerte Verdienste um die Kulturen seiner Wirtsvölker erworben; leider haben alle Judengemetzel des Mittelalters nicht ausgereicht, dieses Zeitalter friedlicher und sicherer für seine christlichen Genossen zu gestalten. Nachdem der Apostel Paulus die allgemeine Menschenliebe zum Fundament seiner christlichen Gemeinde gemacht hatte, war die äußerste Intoleranz des Christentums gegen die draußen Verbliebenen eine unvermeidliche Folge geworden; den Römern, die ihr staatliches Gemeinwesen nicht auf die Liebe begründet hatten, war die religiöse Unduldsamkeit fremd gewesen, obwohl die Religion bei ihnen Sache des Staates und der Staat von Religion durchtränkt war. Es war auch kein unverständlicher Zufall, daß der Traum einer germanischen Weltherrschaft zu seiner Ergänzung den Antisemitismus aufrief, und man erkennt es als begreiflich, daß der Versuch, eine neue kommunistische Kultur in Rußland aufzurichten, in der Verfolgung der Bourgeois seine psychologische Unterstützung findet. Man fragt sich nur besorgt, was die Sowjets anfangen werden, nachdem sie ihre Bourgeois ausgerottet haben.

Wenn die Kultur nicht allein der Sexualität, sondern auch der Aggressionsneigung des Menschen so große Opfer auferlegt, so verstehen wir es besser, daß es dem Menschen schwer wird, sich in ihr beglückt zu finden. Der Urmensch hatte es in der Tat darin besser, da er keine Triebeinschränkungen kannte. Zum Ausgleich war seine Sicherheit, solches Glück lange zu genießen, eine sehr geringe. Der Kulturmensch hat für ein Stück Glücksmöglichkeit ein Stück Sicherheit eingetauscht. Wir wollen aber nicht vergessen, daß in der Urfamilie nur das Oberhaupt sich solcher Triebfreiheit erfreute; die anderen lebten in sklavischer Unterdrückung. Der Gegensatz zwischen einer die Vorteile der Kultur genießenden Minderheit und einer dieser Vorteile beraubten Mehrzahl war also in jener Urzeit der Kultur aufs Äußerste getrieben. Über den heute lebenden Primitiven haben wir durch sorgfältigere Erkundung erfahren, daß sein Triebleben keineswegs ob seiner Freiheit beneidet werden darf; es unterliegt Einschränkungen von anderer Art, aber vielleicht von größerer Strenge als das des modernen Kulturmenschen.

Wenn wir gegen unseren jetzigen Kulturzustand mit Recht einwenden, wie unzureichend er unsere Forderungen an eine beglückende Lebensordnung erfüllt, wieviel Leid er gewähren läßt, das wahrscheinlich zu vermeiden wäre, wenn wir mit schonungsloser Kritik die Wurzeln seiner Unvollkommenheit aufzudecken streben, üben wir gewiß unser gutes Recht und zeigen uns nicht als Kulturfeinde. Wir dürfen erwarten, allmählich solche Abänderungen unserer Kultur durchzusetzen, die unsere Bedürfnisse besser befriedigen und jener Kritik entgehen. Aber vielleicht machen wir uns auch mit der Idee vertraut, daß es Schwierigkeiten gibt, die dem Wesen der Kultur anhaften und die keinem Reformversuch weichen werden. Außer den Aufgaben der Triebeinschränkung, auf die wir vorbereitet sind, drängt sich uns die Gefahr eines Zustandes auf, den man »das psychologische Elend der Masse« benennen kann. Diese Gefahr droht am ehesten, wo die gesellschaftliche Bindung hauptsächlich durch Identifizierung der Teilnehmer untereinander hergestellt wird, während Führerindividualitäten nicht zu jener Bedeutung kommen, die ihnen bei der Massenbildung zufallen sollte[1]. Der gegenwärtige Kulturzustand Amerikas gäbe eine gute Gelegenheit, diesen befürchteten Kulturschaden zu studieren. Aber ich vermeide die Versuchung, in die Kritik der Kultur Amerikas einzugehen; ich will nicht den Eindruck

[1] Siehe: Massenpsychologie und Ich-Analyse, 1921. (Ges. Werke, Bd. XIII.)

hervorrufen, als wollte ich mich selbst amerikanischer Methoden bedienen.

VI

Ich habe bei keiner Arbeit so stark die Empfindung gehabt wie diesmal, daß ich allgemein Bekanntes darstelle, Papier und Tinte, in weiterer Folge Setzerarbeit und Druckerschwärze aufbiete, um eigentlich selbstverständliche Dinge zu erzählen. Darum greife ich es gerne auf, wenn sich der Anschein ergibt, daß die Anerkennung eines besonderen, selbständigen Aggressionstriebes eine Abänderung der psychoanalytischen Trieblehre bedeutet.

Es wird sich zeigen, daß dem nicht so ist, daß es sich bloß darum handelt, eine Wendung, die längst vollzogen worden ist, schärfer zu fassen und in ihre Konsequenzen zu verfolgen. Von allen langsam entwickelten Stücken der analytischen Theorie hat sich die Trieblehre am mühseligsten vorwärtsgetastet. Und sie war doch dem Ganzen so unentbehrlich, daß irgend etwas an ihre Stelle gerückt werden mußte. In der vollen Ratlosigkeit der Anfänge gab mir der Satz des Dichterphilosophen *Schiller* den ersten Anhalt, daß »Hunger und Liebe« das Getriebe der Welt zusammenhalten. Der Hunger konnte als Vertreter jener Triebe gelten, die das Einzelwesen erhalten wollen, die Liebe strebt nach Objekten; ihre Hauptfunktion, von der Natur in jeder Weise begünstigt, ist die Erhaltung der Art. So traten zuerst Ichtriebe und Objekttriebe einander gegenüber. Für die Energie der letzteren, und ausschließlich für sie, führte ich den Namen Libido ein; somit lief der Gegensatz zwischen den Ichtrieben und den aufs Objekt gerichteten »libidinösen« Trieben der Liebe im weitesten Sinne. Einer von diesen Objekttrieben, der sadistische, tat sich zwar dadurch hervor, daß sein Ziel so gar nicht liebevoll war, auch schloß er sich offenbar in manchen Stücken den Ichtrieben an, konnte seine nahe Verwandtschaft mit Bemächtigungstrieben ohne libidinöse Absicht nicht verbergen, aber man kam über diese Unstimmigkeit hinweg; der Sadismus gehörte doch offenbar zum Sexualleben, das grausame Spiel konnte das zärtliche ersetzen. Die Neurose erschien als der Ausgang eines Kampfes zwischen dem Interesse der Selbstbewahrung und den Anforderungen der Libido, ein Kampf, in dem das Ich gesiegt hatte, aber um den Preis schwerer Leiden und Verzichte.

Jeder Analytiker wird zugeben, daß dies auch heute nicht wie ein längst überwundener Irrtum klingt. Doch wurde eine Abänderung unerläßlich, als unsere Forschung vom Verdrängten zum Verdrängenden, von den Objekttrieben zum Ich fortschritt. Entscheidend wurde hier die Einführung des Begriffes Narzißmus, d. h. die Einsicht, daß das Ich selbst mit Libido besetzt ist, sogar deren ursprüngliche Heimstätte sei und gewissermaßen auch ihr Hauptquartier bleibe. Diese narzißtische Libido wendet sich den Objekten zu, wird so zur Objektlibido und kann sich in narzißtische Libido zurückverwandeln. Der Begriff Narzißmus machte es möglich, die traumatische Neurose sowie viele den Psychosen nahestehende Affektionen und diese selbst analytisch zu erfassen. Die Deutung der Übertragungsneurosen als Versuche des Ichs, sich der Sexualität zu erwehren, brauchte nicht verlassen zu werden, aber der Begriff der Libido geriet in Gefahr. Da auch die Ichtriebe libidinös waren, schien es eine Weile unvermeidlich, Libido mit Triebenergie überhaupt zusammenfallen zu lassen, wie C. G. *Jung* schon früher gewollt hatte. Doch blieb etwas zurück wie eine noch nicht zu begründende Gewißheit, daß die Triebe nicht alle von gleicher Art sein können. Den nächsten Schritt machte ich in »Jenseits des Lustprinzips« (1920), als mir der Wiederholungszwang und der konservative Charakter des Trieblebens zuerst auffiel. Ausgehend von Spekulationen über den Anfang des Lebens und von biologischen Parallelen zog ich den Schluß, es müsse außer dem Trieb, die lebende Substanz zu erhalten und zu immer größeren Einheiten zusammenzufassen[1], einen anderen, ihm gegensätzlichen, geben, der diese Einheiten aufzulösen und in den uranfänglichen, anorganischen Zustand zurückzuführen strebe. Also außer dem Eros einen Todestrieb; aus dem Zusammen- und Gegeneinanderwirken dieser beiden ließen sich die Phänomene des Lebens erklären. Nun war es nicht leicht, die Tätigkeit dieses angenommenen Todestriebs aufzuzeigen. Die Äußerungen des Eros waren auffällig und geräuschvoll genug; man konnte annehmen, daß der Todestrieb stumm im Inneren des Lebewesens an dessen Auflösung arbeite, aber das war natürlich kein Nachweis. Weiter führte die Idee, daß sich ein Anteil des Triebes gegen die Außenwelt wende und dann als Trieb zur Aggression und Destruktion zum Vorschein komme. Der Trieb würde so selbst in den Dienst des Eros gezwängt, indem das Lebewesen anderes, Belebtes wie Unbelebtes, anstatt seines eigenen Selbst vernichtete. Umgekehrt würde die Einschränkung dieser Aggression nach außen die ohnehin immer vor sich gehende Selbstzerstörung steigern müssen. Gleichzeitig konnte man aus diesem Beispiel erraten, daß die beiden Triebarten selten — vielleicht niemals — voneinander isoliert auftreten, sondern sich in verschiedenen, sehr wechselnden Mengungsver-

1 Der Gegenatz, in den hierbei die rastlose Ausbreitungstendenz des Eros zur allgemeinen konservativen Natur der Triebe tritt, ist auffällig und kann der Ausgangspunkt weiterer Problemstellungen werden.

hältnissen miteinander legieren und dadurch unserem Urteil unkenntlich machen. Im längst als Partialtrieb der Sexualität bekannten Sadismus hätte man eine derartige besonders starke Legierung des Liebesstrebens mit dem Destruktionstrieb vor sich, wie in seinem Widerpart, im Masochismus, eine Verbindung der nach innen gerichteten Destruktion mit der Sexualität, durch welche die sonst unwahrnehmbare Strebung eben auffällig und fühlbar wird.

Die Annahme des Todes- oder Destruktionstriebes hat selbst in analytischen Kreisen Widerstand gefunden; ich weiß, daß vielfach die Neigung besteht, alles, was an der Liebe gefährlich und feindselig gefunden wird, lieber einer ursprünglichen Bipolarität ihres eigenen Wesens zuzuschreiben. Ich hatte die hier entwickelten Auffassungen anfangs nur versuchsweise vertreten, aber im Laufe der Zeit haben sie eine solche Macht über mich gewonnen, daß ich nicht mehr anders denken kann. Ich meine, sie sind theoretisch ungleich brauchbarer als alle möglichen anderen, sie stellen jene Vereinfachung ohne Vernachlässigung oder Vergewaltigung der Tatsachen her, nach der wir in der wissenschaftlichen Arbeit streben. Ich erkenne, daß wir im Sadismus und Masochismus die stark mit Erotik legierten Äußerungen des nach außen und nach innen gerichteten Destruktionstriebes immer vor uns gesehen haben; aber ich verstehe nicht mehr, daß wir die Ubiquität der nicht erotischen Aggression und Destruktion übersehen und versäumen konnten, ihr die gebührende Stellung in der Deutung des Lebens einzuräumen. (Die nach innen gewendete Destruktionssucht entzieht sich ja, wenn sie nicht erotisch gefärbt ist, meist der Wahrnehmung.) Ich erinnere mich meiner eigenen Abwehr, als die Idee des Destruktionstriebs zuerst in der psychoanalytischen Literatur auftauchte, und wie lange es dauerte, bis ich für sie empfänglich wurde. Daß andere dieselbe Ablehnung zeigten und noch zeigen, verwundert mich weniger. Denn die Kindlein, sie hören es nicht gerne, wenn die angeborene Neigung des Menschen zum »Bösen«, zur Aggression, Destruktion und damit auch zur Grausamkeit erwähnt wird. Gott hat sie ja zum Ebenbild seiner eigenen Vollkommenheit geschaffen, man will nicht daran gemahnt werden, wie schwer es ist, die — trotz der Beteuerungen der Christian Science — unleugbare Existenz des Bösen mit seiner Allmacht oder seiner Allgüte zu vereinen. Der Teufel wäre zur Entschuldigung Gottes die beste Auskunft, er würde dabei dieselbe ökonomisch entlastende Rolle übernehmen wie der Jude in der Welt des arischen Ideals. Aber selbst dann: man kann doch von Gott ebensowohl Rechenschaft für die Existenz des Teufels verlangen wie für die des Bösen, das er verkörpert. Angesichts dieser Schwierigkeiten ist es für jedermann ratsam, an geeigneter Stelle eine tiefe Verbeugung vor der tief sittlichen Natur des Menschen zu machen; es verhilft einem zur allgemeinen Beliebtheit und es wird einem manches dafür nachgesehen[1].

Der Name Libido kann wiederum für die Kraftäußerungen des Eros verwendet werden, um sie von der Energie des Todestriebs zu sondern[2]. Es ist zuzugestehen, daß wir letzteren um so viel schwerer erfassen, gewissermaßen nur als Rückstand hinter dem Eros erraten und daß er sich uns entzieht, wo er nicht durch die Legierung mit dem Eros verraten wird. Im Sadismus, wo er das erotische Ziel in seinem Sinne umbiegt, dabei doch das sexuelle Streben voll befriedigt, gelingt uns die klarste Einsicht in sein Wesen und seine Beziehung zum Eros. Aber auch wo er ohne sexuelle Absicht auftritt, noch in der blindesten Zerstörungswut läßt sich nicht verkennen, daß seine Befriedigung mit einem außerordentlich hohen narzißtischen Genuß verknüpft ist, indem sie dem Ich die Erfüllung seiner alten Allmachtswünsche zeigt. Gemäßigt und gebändigt, gleichsam zielgehemmt, muß der Destruktionstrieb, auf die Objekte gerichtet, dem Ich die Befriedigung seiner Lebensbedürfnisse und die Herrschaft über die Natur verschaffen. Da seine Annahme wesentlich auf theoretischen Gründen beruht, muß man zugeben, daß sie auch gegen theoretische Einwendungen nicht voll gesichert ist. Aber so erscheint es uns eben jetzt beim gegenwärtigen Stand unserer Einsichten; zukünftige Forschung und Überlegung wird gewiß die entscheidende Klarheit bringen.

Für alles Weitere stelle ich mich also auf den Standpunkt, daß die Aggressionsneigung eine ursprüngliche, selbständige Triebanlage des Menschen ist, und komme darauf zurück, daß die Kultur ihr stärkstes Hindernis in ihr findet. Irgendeinmal im Laufe dieser Untersuchung hat sich uns die Einsicht aufgedrängt, die Kultur sei ein besonderer Prozeß, der über die Menschheit abläuft, und wir stehen noch immer unter dem

---

1 Ganz besonders überzeugend wirkt die Identifizierung des bösen Prinzips mit dem Destruktionstrieb in *Goethes* Mephistopheles:

> »Denn alles, was entsteht,
> Ist wert, daß es zu Grunde geht.

> So ist denn alles, was Ihr Sünde,
> Zerstörung, kurz das Böse nennt,
> Mein eigentliches Element.«

Als seinen Gegner nennt der Teufel selbst nicht das Heilige, das Gute, sondern die Kraft der Natur zum Zeugen, zur Mehrung des Lebens, also den Eros.

> »Der Luft, dem Wasser, wie der Erden
> Entwinden tausend Keime sich,
> Im Trocknen, Feuchten, Warmen, Kalten!
> Hätt' ich mir nicht die Flamme vorbehalten,
> Ich hätte nichts Aparts für mich.«

2 Unsere gegenwärtige Auffassung kann man ungefähr in dem Satz ausdrücken, daß an jeder Triebäußerung Libido beteiligt ist, aber daß nicht alles an ihr Libido ist.

Banne dieser Idee. Wir fügen hinzu, sie sei ein Prozeß im Dienste des Eros, der vereinzelte menschliche Individuen, später Familien, dann Stämme, Völker, Nationen zu einer großen Einheit, der Menschheit, zusammenfassen wolle. Warum das geschehen müsse, wissen wir nicht; das sei eben das Werk des Eros. Diese Menschenmengen sollen libidinös aneinander gebunden werden; die Notwendigkeit allein, die Vorteile der Arbeitsgemeinschaft werden sie nicht zusammenhalten. Diesem Programm der Kultur widersetzt sich aber der natürliche Aggressionstrieb der Menschen, die Feindseligkeit eines gegen alle und aller gegen einen. Dieser Aggressionstrieb ist der Abkömmling und Hauptvertreter des Todestriebes, den wir neben dem Eros gefunden haben, der sich mit ihm in die Weltherrschaft teilt. Und nun, meine ich, ist uns der Sinn der Kulturentwicklung nicht mehr dunkel. Sie muß uns den Kampf zwischen Eros und Tod, Lebenstrieb und Destruktionstrieb zeigen, wie er sich an der Menschenart vollzieht. Dieser Kampf ist der wesentliche Inhalt des Lebens überhaupt und darum ist die Kulturentwicklung kurzweg zu bezeichnen als der Lebenskampf der Menschenart[1]. Und diesen Streit der Giganten wollen unsere Kinderfrauen beschwichtigen mit dem »Eiapopeia vom Himmel«!

VII

Warum zeigen unsere Verwandten, die Tiere, keinen solchen Kulturkampf? Oh, wir wissen es nicht. Sehr wahrscheinlich haben einige unter ihnen, die Bienen, Ameisen, Termiten durch Jahrhunderttausende gerungen, bis sie jene staatlichen Institutionen, jene Verteilung der Funktionen, jene Einschränkung der Individuen gefunden haben, die wir heute bei ihnen bewundern. Kennzeichnend für unseren gegenwärtigen Zustand ist es, daß unsere Empfindungen uns sagen, in keinem dieser Tierstaaten und in keiner der dort dem Einzelwesen zugeteilten Rollen würden wir uns glücklich schätzen. Bei anderen Tierarten mag es zum zeitweiligen Ausgleich zwischen den Einflüssen der Umwelt und den in ihnen sich bekämpfenden Trieben, somit zu einem Stillstand der Entwicklung gekommen sein. Beim Urmenschen mag ein neuer Vorstoß der Libido ein neuerliches Sträuben des Destruktionstriebes angefacht haben. Es ist da sehr viel zu fragen, worauf es noch keine Antwort gibt.

Eine andere Frage liegt uns näher. Welcher Mittel bedient sich die Kultur, um die ihr entgegenstehende Aggression zu

---

1 Wahrscheinlich mit der näheren Bestimmung: wie er sich von einem gewissen, noch zu erratenden Ereignis an gestalten mußte.

hemmen, unschädlich zu machen, vielleicht auszuschalten? Einige solcher Methoden haben wir bereits kennengelernt, die anscheinend wichtigste aber noch nicht. Wir können sie an der Entwicklungsgeschichte des einzelnen studieren. Was geht mit ihm vor, um seine Aggressionslust unschädlich zu machen? Etwas sehr Merkwürdiges, das wir nicht erraten hätten und das doch so nahe liegt. Die Aggression wird introjiziert, verinnerlicht, eigentlich aber dorthin zurückgeschickt, woher sie gekommen ist, also gegen das eigene Ich gewendet. Dort wird sie von einem Anteil des Ichs übernommen, das sich als Über-Ich dem übrigen entgegenstellt, und nun als »Gewissen« gegen das Ich dieselbe strenge Aggressionsbereitschaft ausübt, die das Ich gerne an anderen, fremden Individuen befriedigt hätte. Die Spannung zwischen dem gestrengen Über-Ich und dem ihm unterworfenen Ich heißen wir Schuldbewußtsein; sie äußert sich als Strafbedürfnis. Die Kultur bewältigt also die gefährliche Aggressionslust des Individuums, indem sie es schwächt, entwaffnet und durch eine Instanz in seinem Inneren, wie durch eine Besatzung in der eroberten Stadt, überwachen läßt.

Über die Entstehung des Schuldgefühls denkt der Analytiker anders als sonst die Psychologen; auch ihm wird es nicht leicht, darüber Rechenschaft zu geben. Zunächst, wenn man fragt, wie kommt einer zu einem Schuldgefühl, erhält man eine Antwort, der man nicht widersprechen kann: man fühlt sich schuldig (Fromme sagen: sündig), wenn man etwas getan hat, was man als »böse« erkennt. Dann merkt man, wie wenig diese Antwort gibt. Vielleicht nach einigem Schwanken wird man hinzusetzen, auch wer dies Böse nicht getan hat, sondern bloß die Absicht, es zu tun, bei sich erkennt, kann sich für schuldig halten, und dann wird man die Frage aufwerfen, warum hier die Absicht der Ausführung gleichgeachtet wird. Beide Fälle setzen aber voraus, daß man das Böse bereits als verwerflich, als von der Ausführung auszuschließen erkannt hat. Wie kommt man zu dieser Entscheidung? Ein ursprüngliches, sozusagen natürliches Unterscheidungsvermögen für Gut und Böse darf man ablehnen. Das Böse ist oft gar nicht das dem Ich Schädliche oder Gefährliche, im Gegenteil auch etwas, was ihm erwünscht ist, ihm Vergnügen bereitet. Darin zeigt sich also fremder Einfluß; dieser bestimmt, was Gut und Böse heißen soll. Da eigene Empfindung den Menschen nicht auf denselben Weg geführt hätte, muß er ein Motiv haben, sich diesem fremden Einfluß zu unterwerfen. Es ist in seiner Hilflosigkeit und Abhängigkeit von anderen leicht zu entdecken, kann am besten als Angst vor dem Liebesverlust bezeichnet werden. Verliert er die Liebe des anderen, von dem er abhängig ist, so büßt er auch den Schutz vor mancherlei Gefahren ein, setzt sich vor allem der Gefahr aus, daß dieser Übermächtige ihm in der Form der Bestrafung seine Überlegenheit beweist. Das Böse ist also anfänglich dasjenige, wofür man mit Liebesverlust bedroht wird; aus Angst vor diesem Verlust muß man es vermeiden. Darum macht es auch wenig aus, ob man das Böse bereits getan hat, oder es erst tun will; in beiden Fällen tritt die Gefahr erst ein, wenn die Autorität es entdeckt, und diese würde sich in beiden Fällen ähnlich benehmen.

Man heißt diesen Zustand »schlechtes Gewissen«, aber eigentlich verdient er diesen Namen nicht, denn auf dieser Stufe ist das Schuldbewußtsein offenbar nur Angst vor dem Liebesverlust, »soziale« Angst. Beim kleinen Kind kann es niemals etwas anderes sein, aber auch bei vielen Erwachsenen ändert sich nicht mehr daran, als daß an Stelle des Vaters oder beider Eltern die größere menschliche Gemeinschaft tritt. Darum gestatten sie sich regelmäßig, das Böse, das ihnen Annehmlichkeiten verspricht, auszuführen, wenn sie nur sicher sind, daß die Autorität nichts davon erfährt oder ihnen nichts anhaben kann, und ihre Angst gilt allein der Entdeckung[1]. Mit diesem Zustand hat die Gesellschaft unserer Tage im allgemeinen zu rechnen.

Eine große Änderung tritt erst ein, wenn die Autorität durch die Aufrichtung eines Über-Ichs verinnerlicht wird. Damit werden die Gewissensphänomene auf eine neue Stufe gehoben, im Grunde sollte man erst jetzt von Gewissen und Schuldgefühl sprechen[2]. Jetzt entfällt auch die Angst vor dem Entdecktwerden und vollends der Unterschied zwischen Böses tun und Böses wollen, denn vor dem Über-Ich kann sich nichts verbergen, auch Gedanken nicht. Der reale Ernst der Situation ist allerdings vergangen, denn die neue Autorität, das Über-Ich, hat unseres Glaubens kein Motiv, das Ich, mit dem es innig zusammengehört, zu mißhandeln. Aber der Einfluß der Genese, der das Vergangene und Überwundene weiterleben läßt, äußert sich darin, daß es im Grunde so bleibt, wie es zu Anfang war. Das Über-Ich peinigt das sündige Ich mit den nämlichen Angstempfindungen und lauert auf Gelegenheiten, es von der Außenwelt bestrafen zu lassen.

Auf dieser zweiten Entwicklungsstufe zeigt das Gewissen eine Eigentümlichkeit, die der ersten fremd war und die nicht mehr leicht zu erklären ist. Es benimmt sich nämlich um so strenger und mißtrauischer, je tugendhafter der Mensch ist, so daß am Ende gerade, die es in der Heiligkeit am weitesten ge-

---

1 Man denke an *Rousseaus* berühmten Mandarin!

2 Daß in dieser übersichtlichen Darstellung scharf getrennt wird, was sich in Wirklichkeit in fließenden Übergängen vollzieht, daß es sich nicht um die Existenz eines Über-Ichs allein, sondern um dessen relative Stärke und Einflußsphäre handelt, wird jeder Einsichtige verstehen und in Rechnung bringen. Alles Bisherige über Gewissen und Schuld ist ja allgemein bekannt und nahezu unbestritten.

bracht, sich der ärgsten Sündhaftigkeit beschuldigen. Die Tugend büßt dabei ein Stück des ihr zugesagten Lohnes ein, das gefügige und enthaltsame Ich genießt nicht das Vertrauen seines Mentors, bemüht sich, wie es scheint, vergeblich, es zu erwerben. Nun wird man bereit sein, einzuwenden: das seien künstlich zurechtgemachte Schwierigkeiten. Das strengere und wachsamere Gewissen sei eben der ihn kennzeichnende Zug des sittlichen Menschen, und wenn die Heiligen sich für Sünder ausgeben, so täten sie es nicht mit Unrecht unter Berufung auf die Versuchungen zur Triebbefriedigung, denen sie in besonders hohem Maße ausgesetzt sind, da Versuchungen bekanntlich durch beständige Versagung nur wachsen, während sie bei gelegentlicher Befriedigung wenigstens zeitweilig nachlassen. Eine andere Tatsache des an Problemen so reichen Gebiets der Ethik ist die, daß Mißgeschick, also äußere Versagung, die Macht des Gewissens im Über-Ich so sehr fördert. Solange es dem Menschen gut geht, ist auch sein Gewissen milde und läßt dem Ich allerlei angehen; wenn ihn ein Unglück getroffen hat, hält er Einkehr in sich, erkennt seine Sündhaftigkeit, steigert seine Gewissensansprüche, legt sich Enthaltungen auf und bestraft sich durch Bußen[1]. Ganze Völker haben sich ebenso benommen und benehmen sich noch immer so. Aber dies erklärt sich bequem aus der ursprünglichen infantilen Stufe des Gewissens, die also nach der Introjektion ins Über-Ich nicht verlassen wird, sondern neben und hinter ihr fortbesteht. Das Schicksal wird als Ersatz der Elterninstanz angesehen; wenn man Unglück hat, bedeutet es, daß man von dieser höchsten Macht nicht mehr geliebt wird, und von diesem Liebesverlust bedroht, beugt man sich von neuem vor der Elternvertretung im Über-Ich, die man im Glück vernachlässigen wollte. Dies wird besonders deutlich, wenn man in streng religiösem Sinne im Schicksal nur den Ausdruck des göttlichen Willens erkennt. Das Volk Israel hatte sich für Gottes bevorzugtes Kind gehalten, und als der große Vater Unglück nach Unglück über dies sein Volk hereinbrechen ließ, wurde es nicht etwa irre an dieser Beziehung oder zweifelte an Gottes Macht und Gerechtigkeit, sondern erzeugte die Propheten, die ihm seine Sündhaftigkeit vorhielten, und schuf aus seinem Schuldbewußtsein die überstrenge Vorschriften seiner Priesterreligion. Es ist merkwürdig, wie anders sich der Primitive benimmt! Wenn er Unglück gehabt hat, gibt er nicht sich die Schuld, sondern dem Fetisch, der offenbar seine Schul-

---

1 Diese Förderung der Moral durch Mißgeschick behandelt *Mark Twain* in einer köstlichen kleinen Geschichte: *The first melon I ever stole.* Diese erste Melone ist zufällig unreif. Ich hörte Mark Twain diese kleine Geschichte selbst vortragen. Nachdem er ihren Titel ausgesprochen hatte, hielt er inne und fragte sich wie zweifelnd: »*Was it the first?*« Damit hatte er alles gesagt. Die erste war also nicht die einzige geblieben.

113

digkeit nicht getan hat, und verprügelt ihn, anstatt sich selbst zu bestrafen.

Wir kennen also zwei Ursprünge des Schuldgefühls, den aus der Angst vor der Autorität und den späteren aus der Angst vor dem Über-Ich. Das erstere zwingt dazu, auf Triebbefriedigungen zu verzichten, das andere drängt, da man den Fortbestand der verbotenen Wünsche vor dem Über-Ich nicht verbergen kann, außerdem zur Bestrafung. Wir haben auch gehört, wie man die Strenge des Über-Ichs, also die Gewissensforderung, verstehen kann. Sie setzt einfach die Strenge der äußeren Autorität, die von ihr abgelöst und teilweise ersetzt wird, fort. Wir sehen nun, in welcher Beziehung der Triebverzicht zum Schuldbewußtsein steht. Ursprünglich ist ja der Triebverzicht die Folge der Angst vor der äußeren Autorität; man verzichtet auf Befriedigungen, um deren Liebe nicht zu verlieren. Hat man diesen Verzicht geleistet, so ist man sozusagen mit ihr quitt, es sollte kein Schuldgefühl erübrigen. Anders ist es im Falle der Angst vor dem Über-Ich. Hier hilft der Triebverzicht nicht genug, denn der Wunsch bleibt bestehen und läßt sich vor dem Über-Ich nicht verheimlichen. Es wird also trotz des erfolgten Verzichts ein Schuldgefühl zustande kommen und dies ist ein großer ökonomischer Nachteil der Über-Ich-Einsetzung, wie man sagen kann, der Gewissensbildung. Der Triebverzicht hat nun keine voll befreiende Wirkung mehr, die tugendhafte Enthaltung wird nicht mehr durch die Sicherung der Liebe gelohnt, für ein drohendes äußeres Unglück — Liebesverlust und Strafe von seiten der äußeren Autorität — hat man ein andauerndes inneres Unglück, die Spannung des Schuldbewußtseins, eingetauscht.

Diese Verhältnisse sind so verwickelt und zugleich so wichtig, daß ich sie trotz der Gefahren der Wiederholung noch von anderer Seite angreifen möchte. Die zeitliche Reihenfolge wäre also die: zunächst Triebverzicht infolge der Angst vor der Aggression der äußeren Autorität — darauf läuft ja die Angst vor dem Liebesverlust hinaus, die Liebe schützt vor dieser Aggression der Strafe —, dann Aufrichtung der inneren Autorität, Triebverzicht infolge der Angst vor ihr, Gewissensangst. Im zweiten Falle Gleichwertung von böser Tat und böser Absicht, daher Schuldbewußtsein, Strafbedürfnis. Die Aggression des Gewissens konserviert die Aggression der Autorität. Soweit ist es wohl klar geworden; aber wo bleibt Raum für den das Gewissen verstärkenden Einfluß des Unglücks (des von außen auferlegten Verzichts), für die außerordentliche Strenge des Gewissens bei den Besten und Fügsamsten? Wir haben beide Besonderheiten des Gewissens bereits erklärt, aber wahrscheinlich den Eindruck übrig behalten, daß diese Erklärungen nicht bis zum Grunde reichen, einen Rest unerklärt lassen. Und hier greift endlich eine Idee ein, die durchaus der Psychoanalyse eigen und dem gewöhnlichen Denken der Menschen fremd ist. Sie ist von solcher Art, daß sie uns verstehen läßt, wie uns der Gegenstand so verworren und undurchsichtig erscheinen mußte. Sie sagt nämlich, anfangs ist zwar das Gewissen (richtiger: die Angst, die später Gewissen wird) Ursache des Triebverzichts, aber später kehrt sich das Verhältnis um. Jeder Triebverzicht wird nun eine dynamische Quelle des Gewissens, jeder neue Verzicht steigert dessen Strenge und Intoleranz, und wenn wir es nur mit der uns bekannten Entstehungsgeschichte des Gewissens besser in Einklang bringen könnten, wären wir versucht, uns zu dem paradoxen Satz zu bekennen: Das Gewissen ist die Folge des Triebverzichts; oder: Der (uns von außen auferlegte) Triebverzicht schafft das Gewissen, das dann weiteren Triebverzicht fordert.

Eigentlich ist der Widerspruch dieses Satzes gegen die gegebene Genese des Gewissens nicht so groß, und wir sehen einen Weg, ihn weiter zu verringern. Greifen wir zum Zwecke einer leichteren Darstellung das Beispiel des Aggressionstriebes heraus und nehmen wir an, es handle sich in diesen Verhältnissen immer um Aggressionsverzicht. Dies soll natürlich nur eine vorläufige Annahme sein. Die Wirkung des Triebverzichts auf das Gewissen geht dann so vor sich, daß jedes Stück Aggression, dessen Befriedigung wir unterlassen, vom Über-Ich übernommen wird und dessen Aggression (gegen das Ich) steigert. Es stimmt dazu nicht recht, daß die ursprüngliche Aggression des Gewissens die fortgesetzte Strenge der äußeren Autorität ist, also mit Verzicht nichts zu tun hat. Diese Unstimmigkeit bringen wir aber zum Schwinden, wenn wir für diese erste Aggressionsausstattung des Über-Ichs eine andere Ableitung annehmen. Gegen die Autorität, welche das Kind an den ersten, aber auch bedeutsamsten Befriedigungen verhindert, muß sich bei diesem ein erhebliches Maß von Aggressionsneigung entwickelt haben, gleichgiltig welcher Art die geforderten Triebentsagungen waren. Notgedrungen mußte das Kind auf die Befriedigung dieser rachsüchtigen Aggression verzichten. Es hilft sich aus dieser schwierigen ökonomischen Situation auf dem Wege bekannter Mechanismen, indem es diese unangreifbare Autorität durch Identifizierung in sich aufnimmt, die nun das Über-Ich wird und in den Besitz all der Aggression gerät, die man gern als Kind gegen sie ausgeübt hätte. Das Ich des Kindes muß sich mit der traurigen Rolle der so erniedrigten Autorität — des Vaters — begnügen. Es ist eine Umkehrung der Situation, wie so häufig. »Wenn ich der Vater wäre und du das Kind, ich würde dich schlecht behandeln.« Die Beziehung zwischen Über-Ich und Ich ist die durch den Wunsch entstellte Wiederkehr realer Beziehungen zwischen dem noch ungeteilten Ich und einem äußeren Objekt. Auch das ist typisch. Der wesentliche Unterschied aber ist, daß die ursprüngliche Strenge des Über-Ichs nicht – oder nicht so sehr – die ist, die man von ihm erfahren hat oder die man ihm zumutet, sondern die eigene Aggression gegen ihn vertritt. Wenn das zutrifft, darf man wirklich behaupten, das Gewissen sei im Anfang entstanden durch die Unterdrückung einer Aggression und verstärke sich im weiteren Verlauf durch neue solche Unterdrückungen. Welche der beiden Auffassungen hat nun recht? Die frühere, die uns genetisch so unanfechtbar erschien, oder die neuere, welche die Theorie in so willkommener Weise abrundet? Offenbar, auch nach dem Zeugnis der direkten Beobachtung, sind beide berechtigt; sie widerstreiten einander nicht, treffen sogar an einer Stelle zusammen; denn die rachsüchtige Aggression des Kindes wird durch das Maß der strafenden Aggression, die es vom Vater erwartet, mitbestimmen werden. Die Erfahrung aber lehrt, daß die Strenge des Über-Ichs, das ein Kind entwickelt, keineswegs die Strenge der Behandlung, die es selbst erfahren hat, wiedergibt[1]. Sie erscheint unabhängig von ihr, bei sehr milder Erziehung kann ein Kind ein sehr strenges Gewissen bekommen. Doch wäre es auch unrichtig, wollte man diese Unabhängigkeit übertreiben; es ist nicht schwer, sich zu überzeugen, daß die Strenge der Erziehung auch auf die Bildung des kindlichen Über-Ichs einen starken Einfluß übt. Es kommt darauf hinaus, daß bei der Bildung des Über-Ichs und Entstehung des Gewissens mitgebrachte konstitutionelle Faktoren und Einflüsse des Milieus der realen Umgebung zusammenwirken, und das ist keineswegs befremdend, sondern die allgemeine ätiologische Bedingung all solcher Vorgänge[2].

Man kann auch sagen, wenn das Kind auf die ersten großen Triebversagungen mit überstarker Aggression und entsprechender Strenge des Über-Ichs reagiert, folgt es dabei einem phylogenetischen Vorbild und setzt sich über die aktuell gerechtfertigte Reaktion hinaus, denn der Vater der Vorzeit war ge-

---

[1] Wie von Melanie *Klein* und anderen, englischen Autoren richtig hervorgehoben wurde.

[2] Fr. *Alexander* hat in der »Psychoanalyse der Gesamtpersönlichkeit« (1927) die beiden Haupttypen der pathogenen Erziehungsmethoden, die Überstrenge und die Verwöhnung, im Anschluß an *Aichhorns* Studie über die Verwahrlosung zutreffend gewürdigt. Der »übermäßig weiche und nachsichtige« Vater wird beim Kinde Anlaß zur Bildung eines überstrengen Über-Ichs werden, weil diesem Kind unter dem Eindruck der Liebe, die es empfängt, kein anderer Ausweg für seine Aggression bleibt als die Wendung nach innen. Beim Verwahrlosten, der ohne Liebe erzogen wurde, entfällt die Spannung zwischen Ich und Über-Ich, seine ganze Aggression kann sich nach außen richten. Sieht man also von einem anzunehmenden konstitutionellen Faktor ab, so darf man sagen, das strenge Gewissen entstehe aus dem Zusammenwirken zweier Lebenseinflüsse, der Triebversagung, welche die Aggression entfesselt, und der Liebeserfahrung, welche diese Aggression nach innen wendet und dem Über-Ich überträgt.

wiß fürchterlich und ihm durfte man das äußerste Maß von Aggression zumuten. Die Unterschiede der beiden Auffassungen von der Genese des Gewissens verringern sich also noch mehr, wenn man von der individuellen zur phylogenetischen Entwicklungsgeschichte übergeht. Dafür zeigt sich ein neuer, bedeutsamer Unterschied in diesen beiden Vorgängen. Wir können nicht über die Annahme hinaus, daß das Schuldgefühl der Menschheit aus dem Ödipuskomplex stammt und bei der Tötung des Vaters durch die Brüdervereinigung erworben wurde. Damals wurde eine Aggression nicht unterdrückt, sondern ausgeführt, dieselbe Aggression, deren Unterdrückung beim Kinde die Quelle des Schuldgefühls sein soll. Nun würde ich mich nicht verwundern, wenn ein Leser ärgerlich ausriefe: »Es ist also ganz gleichgültig, ob man den Vater umbringt oder nicht, ein Schuldgefühl bekommt man auf alle Fälle! Da darf man sich einige Zweifel erlauben. Entweder ist es falsch, daß das Schuldgefühl von unterdrückten Aggressionen herrührt, oder die ganze Geschichte von der Vatertötung ist ein Roman, und die Urmenschenkinder haben ihre Väter nicht häufiger umgebracht, als es die heutigen pflegen. Übrigens, wenn es kein Roman, sondern plausible Historie ist, so hätte man einen Fall, in dem das geschieht, was alle Welt erwartet, nämlich, daß man sich schuldig fühlt, weil man wirklich etwas, was nicht zu rechtfertigen ist, getan hat. Und für diesen Fall, der sich immerhin alle Tage ereignet, ist uns die Psychoanalyse die Erklärung schuldig geblieben.«

Das ist wahr und soll nachgeholt werden. Es ist auch kein besonderes Geheimnis. Wenn man ein Schuldgefühl hat, nachdem und weil man etwas verbrochen hat, so sollte man dies Gefühl eher *Reue* nennen. Es bezieht sich nur auf eine Tat, setzt natürlich voraus, daß ein *Gewissen*, die Bereitschaft, sich schuldig zu fühlen, bereits vor der Tat bestand. Eine solche Reue kann uns also nie dazu verhelfen, den Ursprung des Gewissens und des Schuldgefühls überhaupt zu finden. Der Hergang dieser alltäglichen Fälle ist gewöhnlich der, daß ein Triebbedürfnis die Stärke erworben hat, seine Befriedigung gegen das in seiner Stärke auch nur begrenzte Gewissen durchzusetzen, und daß mit der natürlichen Abschwächung des Bedürfnisses durch seine Befriedigung das frühere Kräfteverhältnis wiederhergestellt wird. Die Psychoanalyse tut also recht daran, den Fall des Schuldgefühls aus Reue von diesen Erörterungen auszuschließen, so häufig er auch vorkommt und so groß seine praktische Bedeutung auch ist.

Aber wenn das menschliche Schuldgefühl auf die Tötung des Urvaters zurückgeht, das war doch ein Fall von »Reue«, und damals soll der Voraussetzung nach Gewissen und Schuldgefühl vor der Tat nicht bestanden haben? Woher kam in diesem Fall die Reue? Gewiß, dieser Fall muß uns das Geheimnis des Schuldgefühls aufklären, unseren Verlegenheiten ein Ende machen. Und ich meine, er leistet es auch. Diese Reue war das Ergebnis der uranfänglichen Gefühlsambivalenz gegen den Vater, die Söhne haßten ihn, aber sie liebten ihn auch; nachdem der Haß durch die Aggression befriedigt war, kam in der Reue über die Tat die Liebe zum Vorschein, richtete durch Identifizierung mit dem Vater das Über-Ich auf, gab ihm die Macht des Vaters wie zur Bestrafung für die gegen ihn verübte Tat der Aggression, schuf die Einschränkungen, die eine Wiederholung der Tat verhüten sollten. Und da die Aggressionsneigung gegen den Vater sich in den folgenden Geschlechtern wiederholte, blieb auch das Schuldgefühl bestehen und verstärkte sich von neuem durch jede unterdrückte und dem Über-Ich übertragene Aggression. Nun, meine ich, erfassen wir endlich zweierlei in voller Klarheit, den Anteil der Liebe an der Entstehung des Gewissens und die verhängnisvolle Unvermeidlichkeit des Schuldgefühls. Es ist wirklich nicht entscheidend, ob man den Vater getötet oder sich der Tat enthalten hat, man muß sich in beiden Fällen schuldig finden, denn das Schuldgefühl ist der Ausdruck des Ambivalenzkonflikts, des ewigen Kampfes zwischen dem Eros und dem Destruktions- oder Todestrieb. Dieser Konflikt wird angefacht, sobald den Menschen die Aufgabe des Zusammenlebens gestellt wird; solange diese Gemeinschaft nur die Form der Familie kennt, muß er sich im Ödipuskomplex äußern, das Gewissen einsetzen, das erste Schuldgefühl schaffen. Wenn eine Erweiterung dieser Gemeinschaft versucht wird, wird derselbe Konflikt in Formen, die von der Vergangenheit abhängig sind, fortgesetzt, verstärkt und hat eine weitere Steigerung des Schuldgefühls zur Folge. Da die Kultur einem inneren erotischen Antrieb gehorcht, der sie die Menschen zu einer innig verbundenen Masse vereinigen heißt, kann sie dies Ziel nur auf dem Wege einer immer wachsenden Verstärkung des Schuldgefühls erreichen. Was am Vater begonnen wurde, vollendet sich an der Masse. Ist die Kultur der notwendige Entwicklungsgang von der Familie zur Menschheit, so ist unablösbar mit ihr verbunden als Folge des mitgeborenen Ambivalenzkonflikts, als Folge des ewigen Haders zwischen Liebe und Todesstreben die Steigerung des Schuldgefühls, vielleicht bis zu Höhen, die der einzelne schwer erträglich findet. Man gedenkt der ergreifenden Anklage des großen Dichters gegen die »himmlischen Mächte«:

> »Ihr führt ins Leben uns hinein,
> Ihr laßt den Armen schuldig werden,
> Dann überlaßt Ihr ihn der Pein,
> Denn jede Schuld rächt sich auf Erden.«[1]

1 *Goethe*, Lieder des Harfners in »Wilhelm Meister«.

Und man darf wohl aufseufzen bei der Erkenntnis, daß es einzelnen Menschen gegeben ist, aus dem Wirbel der eigenen Gefühle die tiefsten Einsichten doch eigentlich mühelos heraufzuholen, zu denen wir anderen uns durch qualvolle Unsicherheit und rastloses Tasten den Weg zu bahnen haben.

VIII

Am Ende eines solchen Weges angelangt, muß der Autor seine Leser um Entschuldigung bitten, daß er ihnen kein geschickter Führer gewesen, ihnen das Erlebnis öder Strecken und beschwerlicher Umwege nicht erspart hat. Es ist kein Zweifel, daß man es besser machen kann. Ich will versuchen, nachträglich etwas gutzumachen.

Zunächst vermute ich bei den Lesern den Eindruck, daß die Erörterungen über das Schuldgefühl den Rahmen dieses Aufsatzes sprengen, indem sie zuviel Raum für sich einnehmen und den anderen Inhalt, mit dem sie nicht immer innig zusammenhängen, an den Rand drängen. Das mag den Aufbau der Abhandlung gestört haben, entspricht aber durchaus der Absicht, das Schuldgefühl als das wichtigste Problem der Kulturentwicklung hinzustellen und darzutun, daß der Preis für den Kulturfortschritt in der Glückseinbuße durch die Erhöhung des Schuldgefühls bezahlt wird[1]. Was an diesem Satz, dem Endergebnis unserer Untersuchung, noch befremdlich klingt, läßt sich wahrscheinlich auf das ganz sonderbare, noch durchaus unverstandene Verhältnis des Schuldgefühls zu unserem Bewußtsein zurückführen. In den gemeinen, uns als normal geltenden Fällen von Reue macht es sich dem Bewußtsein deutlich genug wahrnehmbar; wir sind doch gewöhnt, anstatt Schuldgefühl »Schuldbewußtsein« zu sagen. Aus dem Studium der Neurosen, denen wir doch die wertvollsten Winke zum Verständnis des Normalen danken, ergeben sich widerspruchsvolle Verhältnisse. Bei einer dieser Affektionen, der Zwangsneurose, drängt sich das

---

1 »So macht Gewissen Feige aus uns allen . . .«
Daß sie dem jugendlichen Menschen verheimlicht, welche Rolle die Sexualität in seinem Leben spielen wird, ist nicht der einzige Vorwurf, den man gegen die heutige Erziehung erheben muß. Sie sündigt außerdem darin, daß sie ihn nicht auf die Aggression vorbereitet, deren Opfer er zu werden bestimmt ist. Indem sie die Jugend mit so unrichtiger psychologischer Orientierung ins Leben entläßt, benimmt sich die Erziehung nicht anders, als wenn man Leute, die auf eine Polarexpedition gehen, mit Sommerkleidung und Karten der oberitalischen Seen ausrüsten würde. Dabei wird ein gewisser Mißbrauch der ethischen Forderungen deutlich. Die Strenge derselben würde nicht viel schaden, wenn die Erziehung sagte: So sollten die Menschen sein, um glücklich zu werden und andere glücklich zu machen; aber man muß damit rechnen, daß sie nicht so sind. Anstatt dessen läßt man den Jugendlichen glauben, daß alle anderen die ethischen Vorschriften erfüllen, also tugendhaft sind. Damit begründet man die Forderung, daß er auch so werde.

Schuldgefühl überlaut dem Bewußtsein auf, es beherrscht das Krankheitsbild wie das Leben der Kranken, läßt kaum anderes neben sich aufkommen. Aber in den meisten anderen Fällen und Formen von Neurose bleibt es völlig unbewußt, ohne darum geringfügigere Wirkungen zu äußern. Die Kranken glauben uns nicht, wenn wir ihnen ein »unbewußtes Schuldgefühl« zumuten; um nur halbwegs von ihnen verstanden zu werden, erzählen wir ihnen von einem unbewußten Strafbedürfnis, in dem sich das Schuldgefühl äußert. Aber die Beziehung zur Neurosenform darf nicht überschätzt werden; es gibt auch bei der Zwangsneurose Typen von Kranken, die ihr Schuldgefühl nicht wahrnehmen oder es als ein quälendes Unbehagen, eine Art von Angst erst dann empfinden, wenn sie an der Ausführung gewisser Handlungen verhindert werden. Diese Dinge sollte man endlich einmal verstehen können, man kann es noch nicht. Vielleicht ist hier die Bemerkung willkommen, daß das Schuldgefühl im Grunde nichts ist als eine topische Abart der Angst, in seinen späteren Phasen fällt es ganz mit der *Angst vor dem Über-Ich* zusammen. Und bei der Angst zeigen sich im Verhältnis zum Bewußtsein dieselben außerordentlichen Variationen. Irgendwie steckt die Angst hinter allen Symptomen, aber bald nimmt sie lärmend das Bewußtsein ganz für sich in Anspruch, bald verbirgt sie sich so vollkommen, daß wir genötigt sind, von unbewußter Angst oder — wenn wir ein reineres psychologisches Gewissen haben wollen, da ja die Angst zunächst nur eine Empfindung ist — von Angstmöglichkeiten zu reden. Und darum ist es sehr wohl denkbar, daß auch das durch die Kultur erzeugte Schuldbewußtsein nicht als solches erkannt wird, zum großen Teil unbewußt bleibt oder als ein Unbehagen, eine Unzufriedenheit zum Vorschein kommt, für die man andere Motivierungen sucht. Die Religionen wenigstens haben die Rolle des Schuldgefühls in der Kultur nie verkannt. Sie treten ja, was ich an anderer Stelle nicht gewürdigt hatte[1], auch mit dem Anspruch auf, die Menschheit von diesem Schuldgefühl, das sie Sünde heißen, zu erlösen. Aus der Art, wie im Christentum diese Erlösung gewonnen wird, durch den Opfertod eines einzelnen, der damit eine allen gemeinsame Schuld auf sich nimmt, haben wir ja einen Schluß darauf gezogen, welches der erste Anlaß zur Erwerbung dieser Urschuld, mit der auch die Kultur begann, gewesen sein mag[2].

Es kann nicht sehr wichtig werden, mag aber nicht überflüssig sein, daß wir die Bedeutung einiger Worte wie: Über-Ich, Gewissen, Schuldgefühl, Strafbedürfnis, Reue erläutern, die wir

1 Ich meine: Die Zukunft einer Illusion (1927).
2 Totem und Tabu (1912). (Ges. Werke, Bd. IX.)

vielleicht oft zu lose und eines fürs andere gebraucht haben. Alle beziehen sich auf dasselbe Verhältnis, benennen aber verschiedene Seiten desselben. Das Über-Ich ist eine von uns erschlossene Instanz, das Gewissen eine Funktion, die wir ihm neben anderen zuschreiben, die die Handlungen und Absichten des Ichs zu überwachen und zu beurteilen hat, eine zensorische Tätigkeit ausübt. Das Schuldgefühl, die Härte des Über-Ichs ist also dasselbe wie die Strenge des Gewissens, ist die dem Ich zugeteilte Wahrnehmung, daß es in solcher Weise überwacht wird, die Abschätzung der Spannung zwischen seinen Strebungen und den Forderungen des Über-Ichs, und die der ganzen Beziehung zugrunde liegende Angst vor dieser kritischen Instanz, das Strafbedürfnis, ist eine Triebäußerung des Ichs, das unter dem Einfluß des sadistischen Über-Ichs masochistisch geworden ist, d. h. ein Stück des in ihm vorhandenen Triebes zur inneren Destruktion zu einer erotischen Bindung an das Über-Ich verwendet. Vom Gewissen sollte man nicht eher sprechen, als bis ein Über-Ich nachweisbar ist; vom Schuldbewußtsein muß man zugeben, daß es früher besteht als das Über-Ich, also auch als das Gewissen. Es ist dann der unmittelbare Ausdruck der Angst vor der äußeren Autorität, die Anerkennung der Spannung zwischen dem Ich und dieser letzteren, der direkte Abkömmling des Konflikts zwischen dem Bedürfnis nach deren Liebe und dem Drang nach Triebbefriedigung, dessen Hemmung die Neigung zur Aggression erzeugt. Die Übereinanderlagerung dieser beiden Schichten des Schuldgefühls — aus Angst vor der äußeren und vor der inneren Autorität — hat uns manchen Einblick in die Beziehungen des Gewissens erschwert. Reue ist eine Gesamtbezeichnung für die Reaktion des Ichs in einem Falle des Schuldgefühls, enthält das wenig umgewandelte Empfindungsmaterial der dahinter wirksamen Angst, ist selbst eine Strafe und kann das Strafbedürfnis einschließen; auch sie kann also älter sein als das Gewissen.

Es kann auch nichts schaden, daß wir uns nochmals die Widersprüche vorführen, die uns eine Weile bei unserer Untersuchung verwirrt haben. Das Schuldgefühl sollte einmal die Folge unterlassener Aggressionen sein, aber ein andermal und gerade bei seinem historischen Anfang, der Vatertötung, die Folge einer ausgeführten Aggression. Wir fanden auch den Ausweg aus dieser Schwierigkeit. Die Einsetzung der inneren Autorität, des Über-Ichs, hat eben die Verhältnisse gründlich geändert. Vorher fiel das Schuldgefühl mit der Reue zusammen; wir merken dabei, daß die Bezeichnung Reue für die Reaktion nach wirklicher Ausführung der Aggression zu reservieren ist. Nachher verlor infolge der Allwissenheit des Über-Ichs der Unterschied zwischen beabsichtigter und erfüllter Aggression seine

Kraft; nun konnte sowohl eine wirklich ausgeführte Gewalttat Schuldgefühl erzeugen — wie alle Welt weiß — als auch eine bloß beabsichtigte — wie die Psychoanalyse erkannt hat. Über die Veränderung der psychologischen Situation hinweg hinterläßt der Ambivalenzkonflikt der beiden Urtriebe die nämliche Wirkung. Die Versuchung liegt nahe, hier die Lösung des Rätsels von der wechselvollen Beziehung des Schuldgefühls zum Bewußtsein zu suchen. Das Schuldgefühl aus Reue über die böse Tat müßte immer bewußt sein, das aus Wahrnehmung des bösen Impulses könnte unbewußt bleiben. Allein so einfach ist das nicht, die Zwangsneurose widerspricht dem energisch. Der zweite Widerspruch war, daß die aggressive Energie, mit der man das Über-Ich ausgestattet denkt, nach einer Auffassung bloß die Strafenergie der äußeren Autorität fortsetzt und für das Seelenleben erhält, während eine andere Auffassung meint, es sei vielmehr die nicht zur Verwendung gelangte eigene Aggression, die man gegen diese hemmende Autorität aufbringt. Die erste Lehre schien sich der Geschichte, die zweite der Theorie des Schuldgefühls besser anzupassen. Eingehendere Überlegung hat den anscheinend unversöhnlichen Gegensatz beinahe allzuviel verwischt; es blieb als wesentlich und gemeinsam übrig, daß es sich um eine nach innen verschobene Aggression handelt. Die klinische Beobachtung gestattet wiederum, wirklich zwei Quellen für die dem Über-Ich zugeschriebene Aggression zu unterscheiden, von denen im einzelnen Fall die eine oder die andere die stärkere Wirkung ausübt, die im allgemeinen aber zusammenwirken.

Hier ist, meine ich, der Ort, eine Auffassung ernsthaft zu vertreten, die ich vorhin zur vorläufigen Annahme empfohlen hatte. In der neuesten analytischen Literatur zeigt sich eine Vorliebe für die Lehre, daß jede Art von Versagung, jede verhinderte Triebbefriedigung eine Steigerung des Schuldgefühls zur Folge habe oder haben könnte[1]. Ich glaube, man schafft sich eine große theoretische Erleichterung, wenn man das nur von den *aggressiven* Trieben gelten läßt, und man wird nicht viel finden, was dieser Annahme widerspricht. Wie soll man es denn dynamisch und ökonomisch erklären, daß an Stelle eines nicht erfüllten erotischen Anspruchs eine Steigerung des Schuldgefühls auftritt? Das scheint doch nur auf dem Umwege möglich, daß die Verhinderung der erotischen Befriedigung ein Stück Aggressionsneigung gegen die Person hervorruft, welche die Befriedigung stört, und daß diese Aggression selbst wieder unterdrückt werden muß. Dann aber ist es doch nur die Aggression, die sich in Schuldgefühl umwandelt, indem sie unter-

---

[1] Insbesondere bei E. *Jones,* Susan *Isaacs,* Melanie *Klein;* wie ich verstehe, aber auch bei *Reik* und *Alexander.*

drückt und dem Über-Ich zugeschoben wird. Ich bin überzeugt, wir werden viele Vorgänge einfacher und durchsichtiger darstellen können, wenn wir den Fund der Psychoanalyse zur Ableitung des Schuldgefühls auf die aggressiven Triebe einschränken. Die Befragung des klinischen Materials gibt hier keine eindeutige Antwort, weil unserer Voraussetzung gemäß die beiden Triebarten kaum jemals rein, voneinander isoliert, auftreten; aber die Würdigung extremer Fälle wird wohl nach der Richtung weisen, die ich erwarte. Ich bin versucht, von dieser strengeren Auffassung einen ersten Nutzen zu ziehen, indem ich sie auf den Verdrängungsvorgang anwende. Die Symptome der Neurosen sind, wie wir gelernt haben, wesentlich Ersatzbefriedigungen für unerfüllte sexuelle Wünsche. Im Laufe der analytischen Arbeit haben wir zu unserer Überraschung erfahren, daß vielleicht jede Neurose einen Betrag von unbewußtem Schuldgefühl verhüllt, der wiederum die Symptome durch ihre Verwendung zur Strafe befestigt. Nun liegt es nahe, den Satz zu formulieren: wenn eine Triebstrebung der Verdrängung unterliegt, so werden ihre libidinösen Anteile in Symptome, ihre aggressiven Komponenten in Schuldgefühl umgesetzt. Auch wenn dieser Satz nur in durchschnittlicher Annäherung richtig ist, verdient er unser Interesse.

Manche Leser dieser Abhandlung mögen auch unter dem Eindruck stehen, daß sie die Formel vom Kampf zwischen Eros und Todestrieb zu oft gehört haben. Sie sollte den Kulturprozeß kennzeichnen, der über die Menschheit abläuft, wurde aber auch auf die Entwicklung des einzelnen bezogen und sollte überdies das Geheimnis des organischen Lebens enthüllt haben. Es scheint unabweisbar, die Beziehungen dieser drei Vorgänge zueinander zu untersuchen. Nun ist die Wiederkehr derselben Formel durch die Veränderung gerechtfertigt, daß der Kulturprozeß der Menschheit wie die Entwicklung des einzelnen auch Lebensvorgänge sind, also am allgemeinsten Charakter des Lebens Anteil haben müssen. Anderseits trägt gerade darum der Nachweis dieses allgemeinen Zuges nicht zur Unterscheidung bei, solange dieser nicht durch besondere Bedingungen eingeengt wird. Wir können uns also erst bei der Aussage beruhigen, der Kulturprozeß sei jene Modifikation des Lebensprozesses, die er unter dem Einfluß einer vom Eros gestellten, von der Ananke, der realen Not angeregten Aufgabe erfährt, und diese Aufgabe ist die Vereinigung vereinzelter Menschen zu einer unter sich libidinös verbundenen Gemeinschaft. Fassen wir aber die Beziehung zwischen dem Kulturprozeß der Menschheit und dem Entwicklungs- oder Erziehungsprozeß des einzelnen Menschen ins Auge, so werden wir uns ohne viel Schwanken dafür entscheiden, daß die beiden sehr ähnlicher

Natur sind, wenn nicht überhaupt derselbe Vorgang an andersartigen Objekten. Der Kulturprozeß der Menschenart ist natürlich eine Abstraktion von höherer Ordnung als die Entwicklung des einzelnen, darum schwerer anschaulich zu erfassen, und die Aufspürung von Analogien soll nicht zwanghaft übertrieben werden; aber bei der Gleichartigkeit der Ziele — hier die Einreihung eines einzelnen in eine menschliche Masse, dort die Herstellung einer Masseneinheit aus vielen einzelnen — kann die Ähnlichkeit der dazu verwendeten Mittel und der zustandekommenden Phänomene nicht überraschen. Ein die beiden Vorgänge unterscheidender Zug darf wegen seiner außerordentlichen Bedeutsamkeit nicht lange unerwähnt bleiben. Im Entwicklungsprozeß des Einzelmenschen wird das Programm des Lustprinzips, Glücksbefriedigung zu finden, als Hauptziel festgehalten, die Einreihung in oder Anpassung an eine menschliche Gemeinschaft erscheint als eine kaum zu vermeidende Bedingung, die auf dem Wege zur Erreichung dieses Glücksziels erfüllt werden soll. Ginge es ohne diese Bedingung, so wäre es vielleicht besser. Anders ausgedrückt: die individuelle Entwicklung erscheint uns als ein Produkt der Interferenz zweier Strebungen, des Strebens nach Glück, das wir gewöhnlich »egoistisch«, und des Strebens nach Vereinigung mit den anderen in der Gemeinschaft, das wir »altruistisch« heißen. Beide Bezeichnungen gehen nicht viel über die Oberfläche hinaus. In der individuellen Entwicklung fällt, wie gesagt, der Hauptakzent meist auf die egoistische oder Glücksstrebung, die andere, »kulturell« zu nennende, begnügt sich in der Regel mit der Rolle einer Einschränkung. Anders beim Kulturprozeß; hier ist das Ziel der Herstellung einer Einheit aus den menschlichen Individuen bei weitem die Hauptsache; das Ziel der Beglückung besteht zwar noch, aber es wird in den Hintergrund gedrängt; fast scheint es, die Schöpfung einer großen menschlichen Gemeinschaft würde am besten gelingen, wenn man sich um das Glück des einzelnen nicht zu kümmern brauchte. Der Entwicklungsprozeß des einzelnen darf also seine besonderen Züge haben, die sich im Kulturprozeß der Menschheit nicht wiederfinden; nur insofern dieser erstere Vorgang den Anschluß an die Gemeinschaft zum Ziel hat, muß er mit dem letzteren zusammenfallen.

Wie der Planet noch um seinen Zentralkörper kreist, außer daß er um die eigene Achse rotiert, so nimmt auch der einzelne Mensch am Entwicklungsgang der Menschheit teil, während er seinen eigenen Lebensweg geht. Aber unserem blöden Auge scheint das Kräftespiel am Himmel zu ewig gleicher Ordnung erstarrt; im organischen Geschehen sehen wir noch, wie die Kräfte miteinander ringen und die Ergebnisse des Konflikts sich beständig verändern. So haben auch die beiden Strebungen, die nach individuellem Glück und die nach menschlichem Anschluß, bei jedem Individuum miteinander zu kämpfen, so müssen die beiden Prozesse der individuellen und der Kulturentwicklung einander feindlich begegnen und sich gegenseitig den Boden bestreiten. Aber dieser Kampf zwischen Individuum und Gesellschaft ist nicht ein Abkömmling des wahrscheinlich unversöhnlichen Gegensatzes der Urtriebe, Eros und Tod, er bedeutet einen Zwist im Haushalt der Libido, vergleichbar dem Streit um die Aufteilung der Libido zwischen dem Ich und den Objekten, und er läßt einen endlichen Ausgleich zu beim Individuum, wie hoffentlich auch in der Zukunft der Kultur, mag er gegenwärtig das Leben des einzelnen noch so sehr beschweren.

Die Analogie zwischen dem Kulturprozeß und dem Entwicklungsweg des Individuums läßt sich um ein bedeutsames Stück erweitern. Man darf nämlich behaupten, daß auch die Gemeinschaft ein Über-Ich ausbildet, unter dessen Einfluß sich die Kulturentwicklung vollzieht. Es mag eine verlockende Aufgabe für einen Kenner menschlicher Kulturen sein, diese Gleichstellung ins einzelne zu verfolgen. Ich will mich auf die Hervorhebung einiger auffälliger Punkte beschränken. Das Über-Ich einer Kulturepoche hat einen ähnlichen Ursprung wie das des Einzelmenschen, es ruht auf dem Eindruck, den große Führerpersönlichkeiten hinterlassen haben, Menschen von überwältigender Geisteskraft oder solche, in denen eine der menschlichen Strebungen die stärkste und reinste, darum oft auch einseitigste, Ausbildung gefunden hat. Die Analogie geht in vielen Fällen noch weiter, indem diese Personen — häufig genug, wenn auch nicht immer — zu ihrer Lebenszeit von den anderen verspottet, mißhandelt oder selbst auf grausame Art beseitigt wurden, wie ja auch der Urvater erst lange nach seiner gewaltsamen Tötung zur Göttlichkeit aufstieg. Für diese Schicksalsverknüpfung ist gerade die Person Jesu Christi das ergreifendste Beispiel, wenn sie nicht etwa dem Mythus angehört, der sie in dunkler Erinnerung an jenen Urvorgang ins Leben rief. Ein anderer Punkt der Übereinstimmung ist, daß das Kultur-Über-Ich ganz wie das des einzelnen strenge Idealforderungen aufstellt, deren Nichtbefolgung durch »Gewissensangst« gestraft wird. Ja, hier stellt sich der merkwürdige Fall her, daß die hierher gehörigen seelischen Vorgänge uns von der Seite der Masse vertrauter, dem Bewußtsein zugänglicher sind, als sie es beim Einzelmenschen werden können. Bei diesem machen sich nur die Aggressionen des Über-Ichs im Falle der Spannung als Vorwürfe überlaut vernehmbar, während die Forderungen selbst im Hintergrunde oft unbewußt bleiben. Bringt man sie zur bewußten Erkenntnis, so zeigt sich, daß sie mit den Vorschriften des jeweiligen Kultur-Über-Ichs zusammenfallen. An dieser Stelle sind sozusagen beide Vorgänge der kulturelle Entwicklungsprozeß der Menge und der eigene des Individuums regelmäßig miteinander verklebt. Manche Äußerungen und Eigenschaften des Über-Ichs können darum leichter an seinem Verhalten in der Kulturgemeinschaft als beim einzelnen erkannt werden.

Das Kultur-Über-Ich hat seine Ideale ausgebildet und erhebt seine Forderungen. Unter den letzteren werden die, welche die Beziehungen der Menschen zueinander betreffen, als Ethik zusammengefaßt. Zu allen Zeiten wurde auf diese Ethik der größte Wert gelegt, als ob man gerade von ihr besonders wichtige Leistungen erwartete. Und wirklich wendet sich die Ethik jenem Punkt zu, der als die wundeste Stelle jeder Kultur leicht kenntlich ist. Die Ethik ist also als ein therapeutischer Versuch aufzufassen, als Bemühung, durch ein Gebot des Über-Ichs zu erreichen, was bisher durch sonstige Kulturarbeit nicht zu erreichen war. Wir wissen bereits, es fragt sich hier darum, wie das größte Hindernis der Kultur, die konstitutionelle Neigung der Menschen zur Aggression gegeneinander, wegzuräumen ist, und gerade darum wird uns das wahrscheinlich jüngste der kulturellen Über-Ich-Gebote besonders interessant, das Gebot: Liebe deinen Nächsten wie dich selbst. In der Neurosenforschung und Neurosentherapie kommen wir dazu, zwei Vorwürfe gegen das Über-Ich des einzelnen zu erheben: Es kümmert sich in der Strenge seiner Gebote und Verbote zu wenig um das Glück des Ichs, indem es die Widerstände gegen die Befolgung, die Triebstärke des Es und die Schwierigkeiten der realen Umwelt nicht genügend in Rechnung bringt. Wir sind daher in therapeutischer Absicht sehr oft genötigt, das Über-Ich zu bekämpfen, und bemühen uns, seine Ansprüche zu erniedrigen. Ganz ähnliche Einwendungen können wir gegen die ethischen Forderungen des Kultur-Über-Ichs erheben. Auch dies kümmert sich nicht genug um die Tatsachen der seelischen Konstitution des Menschen, es erläßt ein Gebot und fragt nicht, ob es dem Menschen möglich ist, es zu befolgen. Vielmehr, es nimmt an, daß dem Ich des Menschen alles psychologisch möglich ist, was man ihm aufträgt, daß dem Ich die unumschränkte Herrschaft über sein Es zusteht. Das ist ein Irrtum, und auch bei den sogenannt normalen Menschen läßt sich die Beherrschung des Es nicht über bestimmte Grenzen steigern. Fordert man mehr, so erzeugt man beim einzelnen Auflehnung oder Neurose oder macht ihn unglücklich. Das Gebot »Liebe deinen Nächsten wie dich selbst« ist die stärkste Abwehr der menschlichen Aggression und ein ausgezeichnetes Beispiel für das unpsychologische Vorgehen des Kultur-Über-Ichs. Das Gebot ist undurchführbar; eine so großartige Inflation der Liebe kann nur deren Wert herabsetzen, nicht die Not beseitigen. Die Kultur vernachlässigt all das; sie mahnt nur, je schwerer die Befolgung der Vorschrift ist, desto verdienstvoller ist sie. Allein wer in der gegenwärtigen Kultur eine solche Vorschrift einhält, setzt sich nur in Nachteil gegen den, der sich über sie hinaussetzt. Wie gewaltig muß das Kulturhindernis der Aggression sein, wenn die Abwehr derselben ebenso unglücklich machen kann wie die Aggression selbst! Die sogenannte natürliche Ethik hat hier nichts zu bieten außer der narzißtischen Befriedigung, sich für besser halten zu dürfen, als die anderen sind. Die Ethik, die sich an die Religion anlehnt, läßt hier ihre Versprechungen eines besseren Jenseits eingreifen. Ich meine, solange sich die Tugend nicht schon auf Erden lohnt, wird die Ethik vergeblich predigen. Es scheint auch mir unzweifelhaft, daß eine reale Veränderung in den Beziehungen der Menschen zum Besitz hier mehr Abhilfe bringen wird als jedes ethische Gebot; doch wird diese Einsicht bei den Sozialisten durch ein neuerliches idealistisches Verkennen der menschlichen Natur getrübt und für die Ausführung entwertet.

Die Betrachtungsweise, die in den Erscheinungen der Kulturentwicklung die Rolle eines Über-Ichs verfolgen will, scheint mir noch andere Aufschlüsse zu versprechen. Ich eile zum Abschluß. Einer Frage kann ich allerdings schwer ausweichen. Wenn die Kulturentwicklung so weitgehende Ähnlichkeit mit der des einzelnen hat und mit denselben Mitteln arbeitet, soll man nicht zur Diagnose berechtigt sein, daß manche Kulturen — oder Kulturepochen —, möglicherweise die ganze Menschheit — unter dem Einfluß der Kulturstrebungen »neurotisch« geworden sind? An die analytische Zergliederung dieser Neurosen könnten therapeutische Vorschläge anschließen, die auf großes praktisches Interesse Anspruch hätten. Ich könnte nicht sagen, daß ein solcher Versuch zur Übertragung der Psychoanalyse auf die Kulturgemeinschaft unsinnig oder sehr zur Unfruchtbarkeit verurteilt wäre. Aber man müßte sehr vorsichtig sein, nicht vergessen, daß es sich doch nur um Analogien handelt, und daß es nicht nur bei Menschen, sondern auch bei Begriffen gefährlich ist, sie aus der Sphäre zu reißen, in der sie entstanden und entwickelt worden sind. Auch stößt die Diagnose der Gemeinschaftsneurosen auf eine besondere Schwierigkeit. Bei der Einzelneurose dient uns als nächster Anhalt der Kontrast, in dem sich der Kranke von seiner als »normal« angenommenen Umgebung abhebt. Ein solcher Hintergrund entfällt bei einer gleichartig affizierten Masse, er müßte anderswoher geholt werden. Und was die therapeutische Verwendung der Einsicht betrifft, was hülfe die zutreffendste Analyse der sozialen Neurose, da niemand die Autorität besitzt, der Masse die Therapie aufzudrängen? Trotz aller dieser Erschwerungen darf man erwarten, daß jemand eines Tages das Wagnis einer solchen Pathologie der kulturellen Gemeinschaften unternehmen wird.

Eine Wertung der menschlichen Kultur zu geben, liegt mir aus den verschiedensten Motiven sehr ferne. Ich habe mich bemüht, das enthusiastische Vorurteil von mir abzuhalten, unsere Kultur sei das Kostbarste, was wir besitzen oder erwerben können, und ihr Weg müsse uns notwendigerweise zu Höhen ungeahnter Vollkommenheit führen. Ich kann wenigstens ohne Entrüstung den Kritiker anhören, der meint, wenn man die Ziele der Kulturstrebung und die Mittel, deren sie sich bedient, ins Auge faßt, müsse man zu dem Schlusse kommen, die ganze Anstrengung sei nicht der Mühe wert und das Ergebnis könne nur ein Zustand sein, den der einzelne unerträglich finden muß. Meine Unparteilichkeit wird mir dadurch leicht, daß ich über all diese Dinge sehr wenig weiß, mit Sicherheit nur das eine, daß die Werturteile der Menschen unbedingt von ihren Glückswünschen geleitet werden, also ein Versuch sind, ihre Illusionen mit Argumenten zu stützen. Ich verstünde es sehr wohl, wenn jemand den zwangsläufigen Charakter der menschlichen Kultur hervorheben und z. B. sagen würde, die Neigung zur Einschränkung des Sexuallebens oder zur Durchsetzung des Humanitätsideals auf Kosten der natürlichen Auslese seien Entwicklungsrichtungen, die sich nicht abwenden und nicht ablenken lassen, und denen man sich am besten beugt, wie wenn es Naturnotwendigkeiten wären. Ich kenne auch die Einwendung dagegen, daß solche Strebungen, die man für unüberwindbar hielt, oft im Laufe der Menschheitsgeschichte beiseitegeworfen und durch andere ersetzt worden sind. So sinkt mir der Mut, vor meinen Mitmenschen als Prophet aufzustehen, und ich beuge mich ihrem Vorwurf, daß ich ihnen keinen Trost zu bringen weiß, denn das verlangen sie im Grunde alle, die wildesten Revolutionäre nicht weniger leidenschaftlich als die bravsten Frommgläubigen.

Die Schicksalsfrage der Menschenart scheint mir zu sein, ob und in welchem Maße es ihrer Kulturentwicklung gelingen wird, der Störung des Zusammenlebens durch den menschlichen Aggressions- und Selbstvernichtungstrieb Herr zu werden. In diesem Bezug verdient vielleicht gerade die gegenwärtige Zeit ein besonderes Interesse. Die Menschen haben es jetzt in der Beherrschung der Naturkräfte so weit gebracht, daß sie es mit deren Hilfe leicht haben, einander bis auf den letzten Mann auszurotten. Sie wissen das, daher ein gut Stück ihrer gegenwärtigen Unruhe, ihres Unglücks, ihrer Angststimmung. Und nun ist zu erwarten, daß die andere der beiden »himmlischen Mächte«, der ewige Eros, eine Anstrengung machen wird, um sich im Kampf mit seinem ebenso unsterblichen Gegner zu behaupten. Aber wer kann den Erfolg und Ausgang voraussehen?

THOMAS MANN

FREUD UND DIE ZUKUNFT

Vortrag gehalten in Wien am 8. Mai 1936 zur Feier von
Sigmund Freuds 80. Geburtstag

Meine Damen und Herren!

Was legitimiert einen Dichter, den Festredner zu Ehren eines großen Forschers zu machen? Oder, wenn er die Gewissensfrage auf andere abwälzen darf, die glaubten, ihm diese Rolle übertragen zu sollen; wie rechtfertigt es sich, daß eine gelehrte Gesellschaft, in unserem Fall eine Akademische Vereinigung für medizinische Psychologie, nicht einen ihres Zeichens, einen Mann der Wissenschaft bestellt, damit er den hohen Tag ihres Meisters im Worte begehe, sondern einen Dichter, das heißt also doch einen Menschengeist, der wesentlich nicht auf Wissen, Scheidung, Einsicht, Erkenntnis, sondern auf Spontaneität, Synthese, aufs naive Tun und Machen und Hervorbringen gestellt ist und so allenfalls zum *Objekt* förderlicher Erkenntnis werden kann, ohne seiner Natur und Bestimmung nach zu ihrem *Subjekt* zu taugen? Geschieht es vielleicht in der Erwägung, daß der Dichter als Künstler, und zwar als geistiger Künstler, zum Begehen geistiger Feste, zum Festefeiern überhaupt berufener, daß er von Natur ein festlicherer Mensch sei als der Erkennende, der Wissenschaftler? — Ich will dieser Meinung nicht widersprechen. Es ist wahr, der Dichter versteht sich auf Lebensfeste; er versteht sich sogar auf das Leben als Fest — womit ein Motiv zum erstenmal leise und vorläufig berührt wird, dem es bestimmt sein mag, in der geistigen Huldigungsmusik dieses Abends eine thematische Rolle zu spielen. — Aber der festliche Sinn dieser Veranstaltung liegt nach der Absicht ihrer Veranstalter wohl eher in der Sache selbst, das heißt: in der solennen und neuartigen Begegnung von Objekt und Subjekt, des Gegenstandes der Erkenntnis mit dem Erkennenden, — einer saturnalischen Umkehrung der Dinge, in welcher der Erkennende und Traumdeuter zum festlichen Objekt träumerischer Erkenntnis wird, — und auch gegen diesen Gedanken habe ich nichts einzuwenden; schon darum nicht, weil auch in ihm bereits ein Motiv aufklingt, das eine bedeutende symphonische Zukunft hat. Voller instrumentiert und verständlicher wird es wiederkehren; denn ich müßte mich sehr täuschen oder gerade die Vereinigung von Subjekt und Objekt, ihr Ineinanderfließen, ihre Identität, die Einsicht in die geheimnisvolle Einheit von Welt und Ich, Schicksal und Charakter, Geschehen und Machen, in das Geheimnis also der Wirklichkeit als eines Werkes der Seele — oder, sage ich, gerade dies wäre das A und O aller psychoanalytischen Initiation...

Auf jeden Fall: Entschließt man sich, einen Dichter zum Lobredner eines genialen Forschers zu ernennen, so sagt das etwas aus über den einen wie den anderen; es ist kennzeichnend für beide. Ein besonderes Verhältnis des zu Feiernden zur Welt der Dichtung, der Literatur geht ebenso daraus hervor wie eine eigentümliche Beziehung des Dichters, des Schriftstellers zu der Erkenntnissphäre, als deren Schöpfer und Meister jener vor der Welt steht; und das wiederum Besondere und Merkwürdige bei diesem Wechselverhältnis, diesem Einandernahesein ist, daß es beiderseits lange Zeit ungewußt, im »Unbewußten« blieb: in jenem Bereich der Seele also, dessen Erkundung und Erhellung, dessen Eroberung für die Humanität die eigentlichste Sendung gerade dieses erkennenden Geistes ist. Die nahen Beziehungen zwischen Literatur und Psychoanalyse sind beiden Teilen seit längerem bewußt geworden. Das Festliche dieser Stunde aber liegt, wenigstens in meinen Augen und für mein Gefühl, in der wohl zum ersten Male sich ereignenden öffentlichen Begegnung der beiden Sphären in der Manifestation jenes Bewußtseins, dem demonstrativen Bekenntnis zu ihm.

Ich sagte, die Zusammenhänge, die tiefreichenden Sympathien seien beiden Teilen lange Zeit unbekannt geblieben. Und wirklich weiß man ja, daß der Geist, den zu ehren uns angelegen ist, Sigmund Freud, der Begründer der Psychoanalyse als Therapeutik und allgemeiner Forschungsmethode, den harten Weg seiner Erkenntnisse ganz allein, ganz selbständig, ganz nur als Arzt und Naturforscher gegangen ist, ohne der Trost- und Stärkungsmittel kundig zu sein, die die große Literatur für ihn bereit gehalten hätte. Er hat Nietzsche nicht gekannt, bei dem man überall Freudsche Einsichten blitzhaft vorweggenommen findet; nicht Novalis, dessen romantisch-biologische Träumereien und Eingebungen sich analytischen Ideen oft so erstaunlich annähern; nicht Kierkegaard, dessen christlicher Mut zum psychologisch Äußersten ihn tief und förderlich hätte ansprechen müssen; und gewiß auch Schopenhauer nicht, den schwermütigen Symphoniker einer nach Umkehr und Erlösung trachtenden Triebphilosophie... Es mußte wohl so sein. Auf eigenste Hand, ohne die Kenntnis intuitiver Vorwegnahmen mußte er wohl seine Einsichten methodisch erobern: die Stoßkraft seiner Erkenntnis ist durch solche Gunstlosigkeit wahrscheinlich gesteigert worden, und überhaupt ist Einsamkeit von seinem ernsten Bilde nicht wegzudenken — jene Einsamkeit, von der Nietzsche spricht, wenn er in seinem hinreißenden Essay »Was bedeuten asketische Ideale?« Schopenhauer einen »wirklichen Philosophen« heißt, »einen wirklich auf sich gestellten Geist, einen Mann und Ritter mit erzenem Blick, der den Mut zu sich selber hat, der allein zu stehn weiß und nicht erst auf Vordermänner und höhere Winke wartet —«. Im Bilde dieses »Mannes und Ritters«, eines Ritters zwischen Tod und Teufel, habe ich den Psychologen des Unbewußten zu sehen mich gewöhnt, seit seine geistige Figur in meinen Gesichtskreis rückte.

Es geschah spät; viel später, als man bei der Verwandtschaft des dichterisch-schriftstellerischen Impulses überhaupt und meiner Natur im besonderen mit dieser Wissenschaft hätte erwarten sollen. Zwei Tendenzen sind es vor allem, die diese Verwandtschaft ausmachen: Die Liebe zur *Wahrheit* erstens, ein Wahrheitssinn, eine Empfindlichkeit und Empfänglichkeit für diese Reize und Bitterkeiten, der Wahrheit, welche sich hauptsächlich als *psychologische* Reizbarkeit und Klarsicht äußert, bis zu dem Grade, daß der Begriff der Wahrheit fast in dem der psychologischen Wahrnehmung und Erkenntnis aufgeht; und zweitens der Sinn für die *Krankheit*, eine gewisse durch Gesundheit ausgewogene Affinität zu ihr und das Erlebnis ihrer produktiven Bedeutung.

Was die Wahrheitsliebe betrifft, die leidend-moralistisch gestimmte Liebe zur Wahrheit *als Psychologie,* so stammt sie aus der hohen Schule Nietzsches, bei dem in der Tat das Zusammenfallen von Wahrheit und *psychologischer* Wahrheit, des Erkennenden mit dem Psychologen in die Augen springt: sein Wahrheitsstolz, sein Begriff selbst von Ehrlichkeit und intellektueller Reinlichkeit, sein Wissensmut und seine Wissensmelancholie, sein Selbstkennertum, Selbsthenkertum — all dies ist psychologich gemeint, hat psychologischen Charakter, und ich vergesse nie die erzieherische Bekräftigung und Vertiefung, die eigene Anlagen durch das Erlebnis von Nietzsches psychologischer Passion erfuhren. Das Wort »Erkenntnisekel« steht im »Tonio Kröger«. Es hat gut nietzschesches Gepräge, und seine Jünglingsschwermut deutet auf das Hamlethafte in Nietzsches Natur, in der die eigene sich spiegelte — eine Natur, zum Wissen berufen, ohne eigentlich dazu geboren zu sein. — Es sind jugendliche Schmerzen und Traurigkeiten, von denen ich da spreche, und die von den reifenden Jahren ins Heitere, Ruhigere überführt worden sind. Aber die Neigung, Wahrheit und Wissen psychologisch zu verstehen, sie mit Psychologie gleichzusetzen, psychologischen Wahrheitswillen als den Willen zur Wahrheit überhaupt und Psychologie als Wahrheit im eigent-

135

lichsten und tapfersten Sinn des Wortes zu empfinden — diese Neigung, die man wohl naturalistisch nennen und der Erziehung durch den literarischen Naturalismus zuschreiben muß, ist mir geblieben, und sie bildet eine Vorbedingung der Aufgeschlossenheit für die seelische Naturwissenschaft, die den Namen »Psychoanalyse« trägt.

Die zweite, sagte ich, ist der Sinn für die Krankheit, genauer: für die Krankheit als Erkenntnismittel; und auch ihn könnte man von Nietzsche herleiten, der wohl wußte, was er seiner Krankheit verdankte, und auf jeder Seite zu lehren scheint, daß es kein tieferes Wissen ohne Krankheitserfahrung gibt und alle höhere Gesundheit durch die Krankheit hindurchgegangen sein muß. Auch diesen Sinn also könnte man auf das Erlebnis Nietzsches zurückführen, wenn er nicht mit dem Wesen des geistigen Menschen überhaupt und des dichterischen zumal, ja mit dem Wesen aller Menschheit und Menschlichkeit, von der der Dichter ja nur ein auf die Spitze getriebener Ausdruck ist, eng verschwistert wäre. »L'humanité«, hat Victor Hugo gesagt, »s'affirme par l'infirmité« — ein Wort, das die zarte Verfassung aller höheren Menschlichkeit und Kultur, ihre Kennerschaft auf dem Gebiet der Krankheit mit stolzer Offenheit eingesteht. Der Mensch ist »das kranke Tier« genannt worden um der belastenden Spannungen und auszeichnenden Schwierigkeiten willen, die seine Stellung zwischen Natur und Geist, zwischen Tier und Engel ihm auferlegt. Was Wunder, daß von der Seite der Krankheit der Forschung die tiefsten Vorstöße ins Dunkel der menschlichen Natur gelungen sind, daß sich die Krankheit, nämlich die Neurose, als ein anthropologisches Erkenntnismittel ersten Ranges erwiesen hat?

Der Dichter dürfte der letzte sein, sich darüber zu wundern. Es dürfte ihn eher erstaunen, daß er, bei so starker allgemeiner und persönlicher Disponiertheit, so spät der sympathischen Beziehungen seiner Existenz zur psychoanalytischen Forschung und dem Lebenswerke Freuds gewahr wurde: zu einer Zeit erst, als es sich bei dieser Lehre längst nicht mehr bloß um eine — anerkannte oder umstrittene — Heilmethode handelte, als sie vielmehr dem bloß medizinischen Bezirk längst entwachsen und zu einer Weltbewegung geworden war, von der alle möglichen Gebiete des Geistes und der Wissenschaft sich ergriffen zeigten: Literatur und Kunstforschung, Religionsgeschichte und Prähistorie, Mythologie, Volkskunde, Pädagogik und was nicht alles, — nämlich dank dem ausbauenden und anwendenden Eifer von Adepten, die um ihren psychiatrisch-medizinischen Kern diese Aura allgemeiner Wirkungen gelegt hatten. Sogar wäre es zuviel gesagt, daß ich zur Psychoanalyse gekommen wäre: sie kam zu mir. Durch das freundliche Interesse, das sie durch einzelne ihrer Jünger und Vertreter immer wieder, vom »Kleinen Herrn Friedemann« bis zum »Tod in Venedig«, zum »Zauberberg« und zum Josephsroman, meiner Arbeit erwies, gab sie mir zu verstehen, daß ich etwas mit ihr zu tun hätte, auf meine Art gewissermaßen »vom Bau« sei, machte mir, wie es mir denn wohl zukam, die latent vorhandenen, die »vorbewußten« Sympathien bewußt; und die Beschäftigung mit der analytischen Literatur ließ mich im Denk- und Sprachgewande naturwissenschaftlicher Exaktheit vieles Urvertraute aus meinem früheren geistigen Erleben wiedererkennen.

Erlauben Sie mir, meine Damen und Herren, in diesem autobiographischen Stil ein wenig fortzufahren, und verargen Sie es mir nicht, wenn ich, statt von Freud zu reden, scheinbar von mir rede! Über ihn zu sprechen, getraue ich mich kaum. Was sollte ich über ihn der Welt Neues zu sagen hoffen können? Ich spreche *zu seinen Ehren,* auch und gerade, wenn ich von mir spreche und Ihnen erzähle, wie tief und eigentümlich vorbereitet ich durch entscheidende Bildungseindrücke meiner Jugend auf die von Freud kommenden Erkenntnisse war. Mehr als einmal, in Erinnerungen und Geständnissen, habe ich von dem erschütternden, in merkwürdigster Mischung zugleich berauschenden und erziehlichen Erlebnis berichtet, das die Bekanntschaft mit der Philosophie Arthur Schopenhauers dem Jüngling bedeutete, der ihm in seinem Roman von den Buddenbrooks ein Denkmal gesetzt hat. Der unerschrockene Wahrheitsmut, der die Sittlichkeit der analytischen Tiefenpsychologie ausmacht, war mir in dem Pessimismus einer naturwissenschaftlich bereits stark gewappneten Metaphysik zuerst entgegengetreten. Diese Metaphysik lehrte in dunkler Revolution gegen den Glauben von Jahrtausenden den Primat des Triebes vor Geist und Vernunft, sie erkannte den *Willen* als Kern und Wesensgrund der Welt, des Menschen so gut wie aller übrigen Schöpfung, und den Intellekt als sekundär und akzidentell, als des Willens Diener und schwache Leuchte. Nicht aus antihumaner Bosheit tat sie das, die das schlechte Motiv geistfeindlicher Lehren von heute ist, sondern aus der strengen Wahrheitsliebe eines Jahrhunderts, das den Idealismus *aus* Idealismus bekämpfte. Es war so wahrhaftig, dieses 19. Jahrhundert, daß es durch Ibsen sogar die Lüge, die »Lebenslüge«, als unentbehrlich anerkennen wollte — und man sieht wohl: es ist ein großer Unterschied, ob man aus schmerzlichem Pessimismus und bitterer Ironie, von Geistes wegen, die Lüge bejaht oder aus Haß auf den Geist und die Wahrheit. Dieser Unterschied ist heute nicht jedermann deutlich.

Der Psycholog des Unbewußten nun, Freud, ist ein echter Sohn des Jahrhunderts der Schopenhauer und Ibsen, aus dessen Mitte er entsprang. Wie nahe verwandt ist seine Revolution nach ihren Inhalten, aber auch nach ihrer moralischen Gesinnung der Schopenhauerschen! Seine Entdeckung der ungeheuren Rolle, die das Unbewußte, das »Es« im Seelenleben des Menschen spielt, besaß und besitzt für die klassische Psychologie, der Bewußtheit und Seelenleben ein und dasselbe ist, die gleiche Anstößigkeit, die Schopenhauers Willenslehre für alle philosophische Vernunft- und Geistgläubigkeit besaß. Wahrhaftig, der frühe Liebhaber der »Welt als Wille und Vorstellung« ist bei sich zu Hause in der bewunderungswürdigen Abhandlung, die zu Freuds Neuen Vorlesungen zur Einführung in die Psychoanalyse gehört und die »Zerlegung der psychischen Persönlichkeit« heißt. Da ist das Seelenreich des Unbewußten, das »Es« mit Worten beschrieben, die ebenso gut, so vehement und zugleich mit demselben Akzent intellektuellen und ärztlich kühlen Interesses Schopenhauer für sein finsteres Willensreich hätte gebrauchen können. Das Gebiet des Es, sagt er, »ist der dunkle, unzugängliche Teil unserer Persönlichkeit; das wenige, was wir von ihm wissen, haben wir durch das Studium der Traumarbeit und der neurotischen Symptombildung erfahren«. Er schildert es als ein Chaos, einen Kessel brodelnder Erregungen. Das »Es«, meint er, sei sozusagen am Ende gegen das Somatische offen und nehme da die Triebbedürfnisse in sich auf, die in ihm ihren psychischen Ausdruck finden — unbekannt, in welchem Substrat. Von den Trieben her erfülle es sich mit Energie; aber es habe keine Organisation, bringe keinen Gesamtwillen auf, nur das Bestreben, den Triebbedürfnissen unter Einhaltung des Lustprinzips Befriedigung zu schaffen. Da gelten keine logischen Denkgesetze, vor allem nicht der Satz des Widerspruchs. »Gegensätzliche Regungen bestehen nebeneinander, ohne einander aufzuheben oder sich von einander abzuziehen, höchstens, daß sie unter dem herrschenden ökonomischen Zwang zur Abfuhr der Energie zu Kompromißbildungen zusammentreten ...« Sie sehen, meine Damen und Herren, das sind Zustände, die nach unserer zeitgeschichtlichen Erfahrung sehr wohl auf das Ich selbst, ein ganzes Massen-Ich, übergreifen können, nämlich dank einer moralischen Erkrankung, die durch die Anbetung des Unbewußten, die Verherrlichung seiner allein lebenfördernden »Dynamik«, die systematische Verherrlichung des Primitiven und Irrationellen erzeugt wird. — Denn das Unbewußte, das Es, ist primitiv und irrational, es ist rein dynamisch. Wertungen kennt es nicht, kein Gut und Böse, keine Moral. Es kennt sogar nicht die Zeit, keinen zeitlichen Ablauf, keine Veränderung des seelischen Vorgangs durch ihn. »Wunschregungen«, sagt Freud, »die das Es nie überschritten haben, aber auch Eindrücke, die durch

Verdrängung ins Es versenkt worden sind, sind virtuell unsterblich, verhalten sich nach Dezennien, als ob sie neu vorgefallen wären. Als Vergangenheit erkannt, entwertet und ihrer Energiebesetzung beraubt können sie erst werden, wenn sie durch die analytische Arbeit bewußt geworden sind.« Und darauf, fügt er hinzu, beruhe vornehmlich die Heilwirkung der analytischen Behandlung. — Wir verstehen danach, wie antipathisch die analytische Tiefenpsychologie einem Ich sein muß, das, berauscht von einer Religiosität des Unbewußten, selbst in den Zustand unterweltlicher Dynamik geraten ist. Es ist nur allzu klar, daß und warum ein solches Ich von Analyse nichts wissen will und der Name Freud vor ihm nicht genannt werden darf.

Was nun das Ich selbst und überhaupt betrifft, so steht es fast rührend, recht eigentlich besorgniserregend damit. Es ist ein kleiner, vorgeschobener, erleuchteter und wachsamer Teil des »Es« — ungefähr wie Europa eine kleine, aufgeweckte Provinz des weiten Asiens ist. Das Ich ist »jener Teil des Es, der durch die Nähe und den Einfluß der Außenwelt modifiziert wurde, zu Reizaufnahme und Reizschutz eingerichtet, vergleichbar der Rindenschicht, mit der sich ein Klümpchen lebender Substanz umgibt«. — Ein anschauliches biologisches Bild. Freud schreibt überhaupt eine höchst anschauliche Prosa, er ist ein Künstler des Gedankens wie Schopenhauer und wie er ein europäischer Schriftsteller. — Die Beziehung zur Außenwelt ist nach ihm für das Ich entscheidend geworden, es hat die Aufgabe, sie beim Es zu vertreten — zu dessen Heil! Denn ohne Rücksicht auf diese übergewaltige Außenmacht würde das Es in seinem blinden Streben nach Triebbefriedigung der Vernichtung nicht entgehen. Das Ich beobachtet die Außenwelt, es erinnert sich, es versucht redlich, das objektiv Wirkliche von dem zu unterscheiden, was Zutat aus inneren Erregungsquellen ist. Es beherrscht im Auftrage des Es die Hebel der Motilität, der Aktion, hat aber zwischen Bedürfnis und Handlung den Aufschub der Denkbarkeit eingeschaltet, während dessen es die Erfahrung zu Rate zieht, und besitzt eine gewisse regulative Überlegenheit gegenüber dem im Unbewußten schrankenlos herrschenden Lustprinzip, das es durch das Realitätsprinzip korrigiert. Aber wie schwach ist es bei alldem! Eingeengt zwischen Unbewußtem, Außenwelt und dem, was Freud das »Über-Ich« nennt, dem Gewissen, führt es ein ziemlich nervöses und geängstigtes Dasein. Mit seiner Eigen-Dynamik steht es nur matt. Seine Energien entlehnt es dem Es und muß im ganzen dessen Absichten durchführen. Es möchte sich wohl als Reiter betrachten und das Unbewußte als das Pferd. Aber so manches Mal wird es vom Unbewußten geritten, und wir wollen nur lieber hinzufügen, was Freud aus rationaler Moralität hinzuzufügen unterläßt, daß es auf diese etwas illegitime Weise unter Umständen am weitesten kommt.

Freuds Beschreibung aber des Es und Ich — ist sie nicht aufs Haar die Beschreibung von Schopenhauers »Wille« und »Intellekt«, — eine Übersetzung seiner Metaphysik ins Psychologische? Und wer nun ohnedies schon, nachdem er von Schopenhauer die metaphysischen Weihen empfangen, bei Nietzsche die schmerzlichen Reize der Psychologie gekostet hatte, wie hätten den nicht Gefühle der Vertrautheit und des Wiedererkennens erfüllen sollen, als er sich, von Ansässigen ermutigt, erstmals umsah im psychoanalytischen Reich?

Er machte auch die Erfahrung, daß die Bekanntschaft damit aufs stärkste und eigentümlichste zurückwirkt auf jene früheren Eindrücke, wenn man sie nach solcher Umschau erneuert. Wie anders, nachdem man bei Freud geweilt, wie anders liest man im Licht seiner Erkundungen eine Betrachtung wieder wie Schopenhauers großen Aufsatz »Über die anscheinende Absichtlichkeit im Schicksal des einzelnen«! Und hier, meine Damen und Herren, bin ich im Begriff, auf den innigsten und geheimsten Berührungspunkt zwischen Freuds naturwissenschaftlicher und Schopenhauers philosophischer Welt hinzuweisen — der genannte Essay ein Wunder an Tiefsinn und Scharfsinn, bildet diesen Berührungspunkt. Der geheimnisvolle Gedanke, den Schopenhauer darin entwickelt, ist, kurz gesagt, der, daß genau wie im Traume unser eigener Wille, ohne es zu ahnen, als unerbittlich-objektives Schicksal auftritt, alles darin aus uns selber kommt und jeder der heimliche Theaterdirektor seiner Träume ist — so auch in der Wirklichkeit, diesem großen Traum, den ein einziges Wesen, der Wille selbst, mit uns allen träumt, unsere Schicksale das Produkt unseres Innersten, unseres Willens sein möchten und wir also das, das uns zu geschehen scheint, eigentlich selbst vorenthalten. — Ich fasse sehr dürftig zusammen, meine Herrschaften, in Wahrheit sind das Ausführungen von stärkster Suggestionskraft und mächtiger Schwingenbreite. Nicht nur aber, daß die Traumpsychologie, die Schopenhauer zu Hilfe nimmt, ausgesprochen analytischen Charakter trägt — sogar das sexuelle Argument und Paradigma fehlt nicht; so ist der ganze Gedankenkomplex in dem Grade eine Vordeutung auf tiefen-psychologische Konzeption, in dem Grade eine philosophische Vorwegnahme davon, daß man erstaunt! Denn um zu wiederholen, was ich anfangs sagte: in dem Geheimnis der Einheit von Ich und Welt, Sein und Geschehen, in der Durchschauung des scheinbar Objektiven und Akzidentellen als Veranstaltung der Seele glaube ich den innersten Kern der analytischen Lehre zu erkennen.

Es kommt mir da ein Satz in den Sinn, den ein kluger, aber etwas undankbarer Sprößling dieser Lehre, C. G. Jung, in seiner bedeutenden Einleitung zum Tibetanischen Totenbuch formuliert. »Es ist so viel unmittelbarer, auffallender, eindrücklicher und darum überzeugender«, sagt er, »zu sehen, wie es mir *zustößt*, als zu beobachten, wie ich es *mache*.« — Ein kekker, ja toller Satz, der recht deutlich zeigt, mit welcher Gelassenheit heute in einer bestimmten psychologischen Schule Dinge angeschaut werden, die noch Schopenhauer als ungeheure Zumutung und »exorbitantes« Gedankenwagnis empfand. Wäre dieser Satz, der das »Zustoßen« als ein »Machen« entlarvt, ohne Freud denkbar? Nie und nimmer! Er schuldet ihm alles. Beladen mit Voraussetzungen, ist er nicht zu verstehen und hätte gar nicht hingesetzt werden können ohne all das, was die Analyse über Versprechen und Verschreiben, das ganze Gebiet der Fehlleistungen, die Flucht in die Krankheit, den Selbstbestrafungstrieb, die Psychologie der Unglücksfälle, kurz über die Magie des Unbewußten ausgemacht und zutage gefördert hat. Ebensowenig aber wäre jener gedrängte Satz, einschließlich seiner psychologischen Voraussetzungen, möglich geworden ohne Schopenhauer und seine noch unexakte, aber traumkühne und wegbereitende Spekulation. — Vielleicht ist dies der Augenblick, meine Damen und Herren, festlicherweise ein wenig gegen Freud zu polemisieren. Er achtet nämlich die Philosophie nicht sonderlich hoch. Der Exaktheitssinn des Naturwissenschaftlers gestattet ihm kaum, eine Wissenschaft in ihr zu sehen. Er macht ihr zum Vorwurf, daß sie ein lückenlos zusammenhängendes Weltbild liefern zu können sich einrede, den Erkenntniswert logischer Operationen überschätze, wohl gar an die Intuition als Wissensquelle glaube und geradezu animistischen Neigungen fröne, indem sie an Wortzauber und an die Beeinflussung der Wirklichkeit durch das Denken glaube. Aber wäre dies wirklich eine Selbstüberschätzung der Philosophie? Ist je die Welt durch etwas anderes geändert worden als durch den Gedanken und seinen magischen Träger, das Wort? Ich glaube, daß tatsächlich die Philosophie den Naturwissenschaften vor- und übergeordnet ist und daß alle Methodik und Exaktheit im Dienst ihres geistesgeschichtlichen Willens steht. Zuletzt handelt es sich immer um das Quod erat demonstrandum. Die Voraussetzungslosigkeit der Wissenschaft ist ein *moralisches* Faktum oder sollte es sein. *Geistig* gesehen, ist sie wahrscheinlich das, was Freud eine Illusion nennt. Die Sache auf die Spitze zu stellen, könnte man sagen, die Wissenschaft habe nie eine Entdeckung gemacht, zu der sie nicht von der Philosophie autorisiert und angewiesen gewesen wäre.

Dies nebenbei. Lassen Sie uns zweckmäßig noch einen

Augenblick bei dem Gedanken Jungs verweilen, der mit Vorliebe — und so auch in jener Vorrede — analytische Ergebnisse zur Herstellung einer Verständigungsbrücke zwischen abendländischem Denken und östlicher Esoterik benutzt. Niemand hat so scharf wie er die Schopenhauer-Freudsche Erkenntnis formuliert, daß »der Geber aller Gegebenheiten in uns selber wohnt — eine Wahrheit, die trotz aller Evidenz in den größten sowohl wie in den kleinsten Dingen *nie* gewußt wird, wo es doch nur zu oft so nötig, ja unerläßlich wäre, es zu wissen«. Eine große und opferreiche Umkehr, meint er, sei wohl nötig, um zu sehen, wie die Welt aus dem Wesen der Seele »gegeben« wird; denn das animalische Wesen des Menschen sträube sich dagegen, sich als den Macher seiner Gegebenheiten zu empfinden. Es ist wahr, daß sich der Osten in der Überwindung des Animalischen von jeher stärker erwiesen hat als das Abendland, und wir brauchen uns daher nicht zu wundern, wenn wir hören, daß seiner Weisheit zufolge auch die Götter zu den »Gegebenheiten« gehören, die der Seele entstammen und mit ihr eins sind — Schein und Licht der Menschenseele. Dies Wissen, das man nach dem Totenbuch dem Verstorbenen mit auf den Weg gibt, ist für den abendländischen Geist ein Paradoxon, das seiner Logik widerstreitet; denn diese unterscheidet zwischen Subjekt und Objekt und sträubt sich, dieses in jenes hineinzuverlegen oder aus ihm hervorgehen zu lassen. Zwar kannte die europäische Mystik solche Anwandlungen, und Angelus Silesius hat gesagt:

Ich weiß, daß ohne mich Gott nicht ein Nu kann leben;
Werd' ich zunicht, er muß vor Not den Geist aufgeben.

Im ganzen aber wäre eine psychologische Auffassung Gottes, die Idee einer Gottheit, die nicht reine Gegebenheit, absolute Realität, sondern mit der Seele eins und an sie gebunden wäre, abendländischer Religiosität unerträglich — sie würde Gott dabei einbüßen. Und doch heißt Religiosität gerade Gebundenheit, und in der Genesis ist von einem »Bunde« zwischen Gott und Mensch die Rede, dessen Psychologie ich in dem mythischen Roman »Joseph und seine Brüder« zu geben versucht habe. Ja, lassen Sie mich hier auf dieses mein eigenes Werk zu sprechen kommen — vielleicht hat es ein Recht, genannt zu werden in einer Stunde festlicher Begegnung zwischen dichtender Literatur und der psychoanalytischen Sphäre. Merkwürdig genug — und vielleicht nicht nur für mich —, daß darin eben jene psychologische Theologie herrschend ist, die der Gelehrte der östlichen Eingeweihtheit zuschreibt: Dieser Abram ist gewissermaßen Gottes Vater. Er hat ihn erschaut und hervorgedacht; die mächtigen Eigenschaften, die er ihm zuschreibt, sind wohl Gottes ursprüngliches Eigentum, Abram ist nicht ihr Erzeuger, aber in gewissem Sinn ist er es dennoch, da er sie erkennt und denkend verwirklicht. Gottes gewaltige Eigenschaften — und damit Gott selbst — sind zwar etwas sachlich Gegebenes außer Abram, *zugleich* aber sind sie auch in ihm und von ihm; die Macht seiner eigenen Seele ist in gewissen Augenblicken kaum von ihnen zu unterscheiden, verschränkt sich und verschmilzt erkennend in eins mit ihnen, und das ist der Ursprung des Bundes, den der Herr dann mit Abram schließt und der nur die ausdrückliche Bestätigung einer inneren Tatsache ist. Er wird als im beiderseitigen Interesse geschlossen charakterisiert, dieser Bund, zum Endzwecke beiderseitiger Heiligung. Menschliche und göttliche Bedürftigkeit verschränken sich derart darin, daß kaum zu sagen ist, von welcher Seite, der göttlichen oder der menschlichen, die erste Anregung zu solchem Zusammenwirken ausgegangen sei. Auf jeden Fall aber spricht sich in seiner Errichtung aus, daß Gottes Heiligwerden und das des Menschen einen Doppelprozeß darstellen und auf das innigste aneinander »gebunden« sind. Wozu, lautet die Frage, wohl sonst ein Bund?

Die Seele als Geberin des Gegebenen — ich weiß wohl, meine Damen und Herren, daß dieser Gedanke im Roman auf eine ironische Stufe getreten ist, die er weder als östliche Weisheit noch als analytische Einsicht kennt. Aber die unwillkürliche und erst nachträglich entdeckte Übereinstimmung hat etwas Erregendes. Muß ich sie Beeinflussung nennen? Sie ist eher Sympathie — eine gewisse geistige Nähe, die der Psychoanalyse, wie billig, früher bewußt war als mir und aus der eben jene literarischen Aufmerksamkeiten hervorgingen, die ich ihr von früh an zu danken hatte. Die letzte davon war die Übersendung eines Sonderdrucks aus der Zeitschrift »Imago«, die Arbeit eines Wiener Gelehrten aus der Schule Freuds, betitelt »Zur Psychologie älterer Biographik« — eine recht trockene Überschrift, in der sich die Merkwürdigkeiten kaum ankündigen, denen sie als Etikett dient. Der Verfasser zeigt da, wie die ältere, naive, von der Legende und vom Volkstümlichen her gespeiste und bestimmte Lebensbeschreibung, namentlich die Künstlerbiographie, feststehende, schematisch-typische Züge und Vorgänge, biographisches Formelgut sozusagen konventioneller Art in die Geschichte ihres Helden aufnimmt, gleichsam um sie sich dadurch legitimieren, sich als echt, als richtig ausweisen zu lassen — als richtig im Sinne des »Wie es immer war« und »Wie es geschrieben steht«. Denn dem Menschen ist am Wiedererkennen gelegen; er möchte das Alte im Neuen wiederfinden und das Typische im Individuellen. Darauf beruht alle Traulichkeit des Lebens, welches als vollkommen neu, einmalig und individuell sich darstellend, ohne daß es die Möglichkeit böte, Altvertrautes darin wiederzufinden, nur erschrecken und verwirren könnte. — Die Frage jener Schrift geht nun aber dahin, ob sich denn die Grenze zwischen dem, was Formelgut legendärer Biographik, und dem, was Lebenseigentum des Künstlers ist, zwischen dem Typischen und dem Individuellen also, scharf und und unzweideutig ziehen lasse, — eine Frage, verneint wie gestellt. Das Leben ist tatsächlich eine Mischung von formelhaften und individuellen Elementen, ein Ineinander, bei dem das Individuelle gleichsam nur über das Formelhaft-Unpersönliche hinausragt. Vieles Außerpersönliche, viel unbewußte Identifikation, viel Konventionell-Schematisches ist bestimmend für das Erleben — nicht nur des Künstlers, sondern des Menschen überhaupt. »Viele von uns«, sagt der Verfasser, »›leben‹ auch heute einen biographischen Typus, das Schicksal eines Standes, einer Klasse, eines Berufes ... Die Freiheit in der Lebensgestaltung des Menschen ist offenbar eng mit jener Bindung zu verknüpfen, die wir als ›Gelebte Vita‹ bezeichnen.« — Und pünktlich, zu meiner Freude nur, kaum auch zu meiner Überraschung, beginnt er, auf den Josephsroman zu exemplifizieren, dessen Grundmotiv geradezu diese Idee der »gelebten Vita« sei, das Leben als Nachfolge, als ein In-Spuren-Gehen, als Identifikation, wie besonders Josephs Lehrer Eliezer sie in humoristischer Feierlichkeit praktiziert: Denn durch Zeitaufhebung rücken in ihm sämtliche Eliezers der Vergangenheit zum gegenwärtigen Ich zusammen, so daß er von Eliezer, Abrahams ältestem Knecht, obgleich er realiter dieser bei weitem nicht ist, in der ersten Person spricht.

Ich muß zugeben: Die Gedankenverbindung ist außerordentlich legitim. Der Aufsatz bezeichnet haargenau den Punkt, wo das psychologische Interesse ins *mythische* Interesse übergeht. Er macht deutlich, daß das Typische auch schon das Mythische ist und daß man für »gelebte Vita« auch »gelebter Mythus« sagen kann. Der gelebte Mythus aber ist die epische Idee meines Romans, und ich sehe wohl, daß, seit ich als Erzähler den Schritt vom Bürgerlich-Individuellen zum Mythisch-Typischen getan habe, mein heimliches Verhältnis zur analytischen Sphäre sozusagen in sein akutes Stadium getreten ist. Das mythische Interesse ist der Psychoanalyse genau so eingeboren, wie allem Dichtertum das psychologische Interesse eingeboren ist. Ihr Zurückdringen in die Kindheit der Einzelseele ist zugleich auch schon das Zurückdringen in die Kindheit des Menschen, ins Primitive und in die Mythik. Freud selbst hat bekannt, daß alle Naturwissenschaft, Medizin und Psychotherapie für ihn ein lebenslanger Um- und Rückweg gewesen sei zu der primären Leidenschaft seiner Jugend fürs Menschheitsgeschichtliche, für die Ursprünge von Religion und Sittlichkeit, — diesem Interesse, das auf der Höhe seines Lebens in »Totem und Tabu« zu einem so großartigen Ausbruch kommt. In der Wortverbindung »Tiefenpsychologie« hat »Tiefe« auch zeitlichen Sinn: Die Urgründe der Menschenseele sind zugleich auch *Urzeit,* jene Brunnentiefe der Zeiten, wo der Mythus zu Hause ist und die Urnormen, Urformen des Lebens gründet. Denn Mythus ist Lebensgründung; er ist das zeitlose Schema, die fromme Formel, in die das Leben eingeht, indem es aus dem Unbewußten seine Züge reproduziert. Kein Zweifel, die Gewinnung der mythisch-typischen Anschauungsweise macht Epoche im Leben des Erzählers, sie bedeutet eine eigentümliche Erhöhung seiner künstlerischen Stimmung, eine neue Heiterkeit des Erkennens und Gestaltens, welche späten Lebensjahren vorbehalten zu sein pflegt; denn im Leben der Menschen stellt das Mythische zwar eine frühe und primitive Stufe dar, im Leben des einzelnen aber eine späte und reife. Was damit gewonnen wird, ist der Blick für die höhere Wahrheit, die sich im Wirklichen darstellt, das lächelnde Wissen vom Ewigen, Immerseienden, Gültigen, vom Schema, in dem und *nach* dem das vermeintlich ganz Individuelle lebt, nicht ahnend in dem naiven Dünkel seiner Erst- und Einmaligkeit, wie sehr sein Leben Formel und Wiederholung, ein Wandel in tief ausgetretenen Spuren ist. Der Charakter ist eine mythische Rolle, die in der Einfalt illusionärer Einmaligkeit und Originalität gespielt wird, gleichsam nach eigenster Erfindung und auf eigenste Hand, dabei aber mit einer Würde und Sicherheit, die dem gerade obenauf gekommenen und im Lichte agierenden Spieler nicht seine vermeintliche Erst- und Einmaligkeit verleiht, sondern die er im Gegenteil aus dem tieferen Bewußtsein schöpft, etwas Gegründet-Rechtmäßiges wieder vorzustellen und sich, ob nun gut oder böse, edel oder widerwärtig, jedenfalls in einer Art musterhaft zu benehmen. Tatsächlich wüßte er sich, wenn seine Realität im Einmalig-Gegenwärtigen läge, überhaupt nicht zu benehmen, wäre haltlos, ratlos, verlegen und verwirrt im Verhältnis zu sich selbst, wüßte nicht, mit welchem Fuße antreten und was für ein Gesicht machen. Seine Würde und Spielsicherheit aber liegt unbewußt gerade darin, daß etwas Zeitloses mit ihm wieder am Lichte ist und Gegenwart wird; sie ist mythische Würde, welche auch dem elenden und nichtswürdigen Charakter noch zukommt, ist natürliche Würde, weil sie dem Unbewußten entstammt.

Dies ist der Blick, den der mythisch orientierte Erzähler auf die Erscheinungen richtet, und Sie sehen wohl: es ist ein ironisch überlegener Blick; denn die mythische Erkenntnis hat hier ihren Ort nur im Anschauenden, nicht auch im Angeschauten. Wie aber nun, wenn der mythische Aspekt sich sub-

145

jektivierte, ins agierende Ich selber einginge und darin wach
wäre, so daß es mit freudigem oder düsterem Stolze sich seiner »Wiederkehr«, seiner Typik bewußt wäre, seine Rolle auf
Erden zelebrierte und seine Würde ausschließlich in dem Wissen fände, das Gegründete im Fleisch wieder vorzustellen, es
wieder zu verkörpern? Erst das, kann man sagen, wäre »gelebter Mythus«; und man glaube nicht, daß es etwas Neues und
Unerprobtes ist: das Leben im Mythus, das Leben als weihe-
volle Wiederholung ist eine historische Lebensform, die Antike
hat so gelebt. Ein Beispiel ist die Gestalt der ägyptischen Kleopatra, die ganz und gar eine Ischtar-Astarte-Gestalt, Aphrodite
in Person ist, — wie denn Bachofen in seiner Charakteristik
des bacchischen Kultes, der dionysischen Kultur in der Köni-
gin das vollendete Bild einer dionysischen Stimula sieht, die,
nach Plutarch, weit mehr noch durch erotische Geisteskultur
als durch körperliche Reize das zu Aphrodites irdischer Verkörperung entwickelte Weib repräsentiert habe. Dieses ihr
Aphroditentum, ihre Rolle als Hathor-Isis ist aber nicht nur
etwas Kritisch-Objektives, das erst von Plutarch und Bachofen
über sie ausgesprochen worden wäre, sondern es war der Inhalt
ihrer subjektiven Existenz, sie lebte in dieser Rolle. Ihre Todesart deutet darauf hin: Sie soll sich ja getötet haben, indem sie
sich eine Giftnatter an den Busen legte. Die Schlange aber war
das Tier der Ischtar, der ägyptischen Isis, die auch wohl in
einem schuppigen Schlangenkleid dargestellt wird, und man
kennt eine Statuette der Ischtar, wie sie eine Schlange am Busen hält. War also Kleopatras Todesart diejenige der Legende,
so wäre sie eine Demonstration ihres mythischen Ichgefühls gewesen. Trug sie nicht auch den Kopfputz der Isis, die Geier-
haube, und schmückte sie sich nicht mit den Insignien der Ha-
thor, den Kuhhörnern mit der Sonnenscheibe dazwischen? Es
war eine bedeutende Anspielung, daß sie ihre Antonius-Kinder
Helios und Selene nannte. Kein Zweifel, sie war eine bedeutende Frau — im antiken Sinn »bedeutend« —, die wußte, wer
sie war und in welchen Fußstapfen sie ging!

Das antike Ich und sein Bewußtsein von sich war ein anderes als das unsere, weniger ausschließlich, weniger scharf um-
grenzt. Es stand gleichsam nach hinten offen und nahm vom
Gewesenen vieles mit auf, was es gegenwärtig wiederholte,
und was mit ihm »wieder da« war. Der spanische Kulturphi-
losoph Ortega y Gasset drückt das so aus, daß der antike
Mensch, ehe er etwas tue, einen Schritt zurücktrete, gleich dem
Torero, der zum Todesstoß aushole. Er suche in der Vergangenheit ein Vorbild, in das er wie in eine Taucherglocke
schlüpfe, um sich so, zugleich geschützt und entstellt, in das gegenwärtige Problem hineinzustürzen. Darum sei sein Leben in

146

gewisser Weise ein Beleben, ein archaisierendes Verhalten. —
Aber eben dies Leben als Beleben, Wiederbeleben ist das Leben
im Mythus. Alexander ging in den Spuren des Miltiades, und
von Caesar waren seine antiken Biographen mit Recht oder
Unrecht überzeugt, er wolle den Alexander nachahmen. Dies
»Nachahmen« aber ist weit mehr, als heut in dem Worte liegt;
es ist die mythische Identifikation, die der Antike besonders
vertraut war, aber weit in die neue Zeit hineinspielt und seelisch jederzeit möglich bleibt. Das antike Gepräge der Gestalt
Napoleons ist oft betont worden. Er bedauerte, daß die moderne Bewußtseinslage ihm nicht gestatte, sich für den Sohn
Jupiter-Amons auszugeben, wie Alexander. Aber daß er sich,
zur Zeit seines orientalischen Unternehmens, wenigstens mit
Alexander mythisch verwechselt hat, braucht man nicht zu bezweifeln, und später, als er sich fürs Abendland entschieden
hatte, erklärte er: »Ich bin Karl der Große.« Wohl gemerkt —
nicht etwa: »Ich erinnere an ihn«; nicht: »Meine Stellung ist
der seinen ähnlich.« Auch nicht: »Ich bin wie er«; sondern einfach: »Ich bin's.« Das ist die Formel des Mythus.

Das Leben, jedenfalls das bedeutende Leben, war also in antiken Zeiten die Wiederherstellung des Mythus in Fleisch und
Blut; es bezog und berief sich auf ihn; durch ihn erst, durch die
Bezugnahme aufs Vergangene wies es sich als echtes und bedeu-
tendes Leben aus. Der Mythus ist die Legitimation des Lebens;
erst durch ihn und in ihm findet es sein Selbstbewußtsein, seine
Rechtfertigung und Weihe. Bis in den Tod führte Kleopatra
ihre aphroditische Charakterrolle weihevoll durch, — und kann
man bedeutender, kann man würdiger leben und sterben, als
indem man den Mythus zelebriert? Denken Sie doch auch an
Jesus und an sein Leben, das ein Leben war, »damit erfüllet
werde, was geschrieben steht«. Es ist nicht leicht, bei dem Er-
füllungscharakter von Jesu Leben zwischen den Stilisierungen
der Evangelisten und seinem Eigenbewußtsein zu unterscheiden;
aber sein Kreuzeswort um die neunte Stunde, dies »Eli, Eli,
lama asabthani?« war ja, gegen den Anschein, durchaus kein
Ausbruch der Verzweiflung und Enttäuschung, sondern im
Gegenteil ein solcher höchsten messianischen Selbstgefühls.
Denn dieses Wort ist nicht »originell«, kein spontaner Schrei.
Es bildet den Anfang des 22. Psalms, der von Anfang bis zu
Ende Verkündigung des Messias ist. Jesus zitierte, und das Zitat bedeutete: »Ja, ich bin's!« So zitierte auch Kleopatra,
wenn sie, um zu sterben, die Schlange an ihren Busen nahm,
und wieder bedeutete das Zitat: »Ich bin's!« —

Sehen Sie mir, meine Damen und Herren, das Wort »zele-
brieren« nach, das ich in diesem Zusammenhang brauchte. Es
ist entschuldbar und selbst geboten. Das zitathafte Leben, das

Leben im Mythus, ist eine Art von Zelebration; insofern es
Vergegenwärtigung ist, wird es zur feierlichen Handlung zum
Vollzuge eines Vorgeschriebenen durch einen Zelebranten, zum
Begängnis, zum Feste. Ist nicht der Sinn des Festes Wiederkehr
als Vergegenwärtigung? Jede Weihnacht wieder wird das welt-
errettende Wiegenkind zur Erde geboren, das bestimmt ist, zu
leiden, zu sterben und aufzufahren: Das Fest ist die Aufhebung der Zeit, ein Vorgang, eine feierliche Handlung, die sich
abspielt nach geprägtem Urbild; was darin geschieht, geschieht
nicht zum ersten Male, sondern zeremoniellerweise und nach
dem Muster; es gewinnt Gegenwart und kehrt wieder, wie eben
Feste wiederkehren in der Zeit und wie ihre Phasen und Stun-
den einander folgen in der Zeit nach dem Urgeschehen. Im Al-
tertum war jedes Fest wesentlich eine theatralische Angelegen-
heit, ein Maskenspiel, die von Priestern vollzogene szenische
Darstellung von Göttergeschichten, zum Beispiel der Lebens-
und Leidensgeschichte des Osiris. Das christliche Mittelalter
hatte dafür das Mysterienspiel mit Himmel, Erde und greuli-
chem Höllenrachen, wie es noch in Goethes »Faust« wiederkehrt; es hatte die Fastnachtsfarce, den populären Mimus. Es
gibt eine mythische Kunstoptik auf das Leben, unter der dieses
als farcenhaftes Spiel, als theatralischer Vollzug von etwas
festlich Vorgeschriebenem, als Kasperliade erscheint, worin mythische Charaktermarionetten eine oft dagewesene, feststehen-
hende und spaßhaft wieder Gegenwart werdende »Handlung«
abhaspeln und vollziehen. Und es fehlt nur, daß diese Optik
in die Subjektivität der handelnden Personagen selbst eingeht,
in ihnen selbst als Spielbewußtsein, festlich-mythisches Bewußtsein vorgestellt wird, damit eine Epik gezeitigt werde, wie
sie sich in den »Geschichten Jaakobs« wunderlich genug ergibt,
besonders in dem Kapitel »Der große Jokus«, worin zwischen
Personen, die alle wohl wissen, was sie sind und in welchen
Spuren sie gehen, zwischen Isaak, Esau und Jaakob, die bitter-
komische Geschichte, wie Esau, der Rote, der genasführte Teufel, geprellt wird um seines Vaters Segen, zum Gaudium des
Hofvolks als mythische Festfarce jokos und tragisch sich abspielt. — Und ist nicht vor allem der Held dieses Romans ein
solcher Zelebrant des Lebens: Joseph selbst, der mit einer an-
mutigen Art von religiöser Hochstapelei den Tammuz-Osiris-
Mythus in seiner Person vergegenwärtigt, sich das Leben des
Zerrissenen, Begrabenen und Auferstehenden »geschehen läßt«
und sein festliches Spiel treibt mit dem, was gemeinhin nur aus
der Tiefe heimlich das Leben bestimmt und formt: dem Unbewußten? Das Geheimnis des Metaphysikers und des Psychologen, daß die Geberin alles Gegebenen die Seele ist, — dies Geheimnis wird leicht, spielhaft, künstlerisch, heiter, ja spiegel-

148

fechterisch und eulenspiegelhaft in Joseph; es offenbart in ihm seine *infantile* Natur ... Und dieses Wort läßt uns zu unserer Beruhigung gewahr werden, wie wenig wir uns bei scheinbar so großen Ausbeugungen von unserem Gegenstande, dem Gegenstande unserer festlichen Huldigung entfernt — wie wenig wir aufgehört haben, zu seinen Ehren zu reden.

Infantilismus, auf deutsch: rückständige Kinderei — welch eine Rolle spielt dies echt psychoanalytische Element im Leben von uns allen, einen wie starken Anteil hat es an der Lebensgestaltung der Menschen, und zwar gerade und vornehmlich in der Form der mythischen Identifikation, des Nachlebens, des In-Spuren-Gehens! Die Vaterbindung, Vaternachahmung, das Vaterspiel und seine Übertragungen auf Vaterersatzbilder höherer und geistiger Art — wie bestimmend, wie prägend und bildend wirken diese Infantilismen auf das individuelle Leben ein! Ich sage: »bildend«; denn die lustigste, freudigste Bestimmung dessen, was man Bildung nennt, ist mir allen Ernstes diese Formung und Prägung durch das Bewunderte und Geliebte, durch die kindliche Identifikation mit einem aus innerster Sympathie gewählten Vaterbilde. Der Künstler zumal, dieser eigentlich verspielte und leidenschaftlich kindische Mensch, weiß ein Lied zu singen von den geheimen und doch auch offenen Einflüssen solcher infantilen Nachahmung auf seine Biographie, seine produktive Lebensführung, welche oft nichts anderes ist als die Neubelebung der Heroenvita unter sehr anderen zeitlichen und persönlichen Bedingungen und mit sehr anderen, sagen wir: kindlichen Mitteln. So kann die imitatio Goethes mit ihren Erinnerungen an die Werther-, die Meister-Stufe und an die Altersphase von Faust und Diwan noch heute aus dem Unbewußtsein ein Schriftstellerleben führen und mythisch bestimmen; — ich sage: aus dem Unbewußten, obgleich im Künstler das Unbewußte jeden Augenblick ins lächelnd Bewußte und kindlich-tief Aufmerksame hinüberspielt.

Der Joseph des Romans ist ein Künstler insofern er spielt, nämlich mit seiner imitatio Gottes auf dem Unbewußten spielt, — und ich weiß nicht, welches Gefühl von Zukunftsahnung, Zukunftsfreude mich ergreift, wenn ich dieser Erheiterung des Unbewußten zum Spiel, dieser seiner Fruchtbarmachung für eine feierliche Lebensproduktion, dieser erzählerischen Begegnung von Psychologie und Mythus nachhänge, die zugleich eine festliche Begegnung von Dichtung und Psychoanalyse ist. »Zukunft« — ich habe das Wort in den Titel meines Vortrages aufgenommen, einfach, weil der Begriff der Zukunft derjenige ist, den ich am liebsten und unwillkürlichsten mit dem Namen Freuds verbinde. Aber während ich zu Ihnen sprach, mußte ich mich fragen, ob ich mich nicht mit meiner Ankündigung einer

Irreführung schuldig gemacht: »Freud und der Mythus«, das wäre nach dem, was ich bis jetzt und zum Schluß gesagt, etwa der richtige Titel gewesen. — Und dennoch hängt mein Gefühl an der Verbindung von Name und Wort und möchte einen Zusammenhang dieser Formel wahrhaben mit dem, was ich sagte. Ja, so wahr ich mich zu glauben erkühne, daß in dem Spiel der Psychologie auf dem Mythus, worin jener der Freudschen Welt befreundete Roman sich übt, Keime und Elemente eines neuen Menschheitsgefühls, einer kommenden Humanität beschlossen liegen, so vollkommen bin ich überzeugt, daß man in Freuds Lebenswerk einmal einen der wichtigsten Bausteine erkennen wird, die beigetragen worden sind zu einer heute auf vielfache Weise sich bildenden neuen Anthropologie und damit zum Fundament der Zukunft, dem Hause einer klügeren und freieren Menschheit. Dieser ärztliche Psycholog wird geehrt werden, so glaube ich, als Wegbereiter eines künftigen Humanismus, den wir ahnen, und der durch vieles hindurchgegangen sein wird, von dem frühere Humanismen nichts wußten, — eines Humanismus, der zu den Mächten der Unterwelt, des Unbewußten, des »Es« in einem keckeren, freieren und heitereren, einem kunstreiferen Verhältnis stehen wird, als es einem in neurotischer Angst und zugehörigem Haß sich mühenden Menschentum von heute vergönnt ist. Freud hat zwar gemeint, die Zukunft werde wahrscheinlich urteilen, daß die Bedeutung der Psychoanalyse als Wissenschaft des Unbewußten ihren Wert als Heilmethode weit übertreffe. Aber auch als Wissenschaft des Unbewußten ist sie Heilmethode, überindividuelle Heilmethode, Heilmethode großen Stils. Nehmen Sie es als Dichterutopie, — aber alles in allem ist der Gedanke nicht so unsinnig, daß die Auflösung der großen Angst und des großen Hasses, ihre Überwindung durch Herstellung eines ironisch-künstlerischen und dabei nicht notwendigerweise unfrommen Verhältnisses zum Unbewußten einst als der menschheitliche Heileffekt dieser Wissenschaft angesprochen werden könnte.

Die analytische Einsicht ist weltverändernd; ein heiterer Argwohn ist mit ihr in die Welt gesetzt, ein entlarvender Verdacht, die Verstecktheiten und Machenschaften der Seele betreffend, welcher, einmal geweckt, nie wieder daraus verschwinden kann. Er infiltriert das Leben, untergräbt seine rohe Naivität, nimmt ihm das Pathos der Unwissenheit, betreibt seine Entpathetisierung, indem er zum Geschmack am »understatement« erzieht, wie die Engländer sagen, zum lieber untertreibenden als übertreibenden Ausdruck, zur Kultur des mittleren, unaufgeblasenen Wortes, das seine Kraft im Mäßigen sucht... Bescheidenheit — vergessen wir nicht, daß sie von *Bescheidwissen* kommt, daß ursprünglich das Wort diesen Sinn führte und erst über ihn den zweiten von modestia, moderatio angenommen hat. Bescheidenheit aus Bescheid wissen — nehmen wir an, daß das die Grundstimmung der heiteren ernüchterten Friedenswelt sein wird, die mit herbeizuführen die Wissenschaft vom Unbewußten berufen sein mag.

Die Mischung, die in ihr das Pionierhafte mit dem Ärztlichen eingeht, rechtfertigt solche Hoffnungen. Freud hat seine Raumlehre einmal »ein Stück wissenschaftlichen Neulandes« genannt, »dem Volksglauben und der Mystik abgewonnen«. In diesem »abgewonnen« liegt der kolonisatorische Geist und Sinn seines Forschertums. »Wo *Es* war, soll *Ich* werden«, sagte er epigrammatisch, und selber nennt er die psychoanalytische Arbeit ein Kulturwerk, vergleichbar der Trockenlegung der Zuidersee. So fließen uns zum Schluß die Züge des ehrwürdigen Mannes, den wir feiern, hinüber in die des greisen Faust, den es drängt, »das herrische Meer vom Ufer auszuschließen, der feuchten Breite Grenze zu verengen«.

Eröffn' die Räume vielen Millionen,
Nicht sicher zwar, doch tätig-frei zu wohnen.
———————————————————
Solch ein Gewimmel möcht' ich sehn,
Auf freiem Grund mit freiem Volke stehn.

Es ist das Volk einer angst- und haßbefreiten, zum Frieden gereiften Zukunft.

Bitte umblättern:

auf den nächsten Seiten informieren
wir Sie über weitere interessante
Fischer Taschenbücher.

Psychologie

**Claus Henning Bachmann
Kritik der Gruppendynamik**
Grenzen und Möglichkeiten
sozialen Lernens
Band 6718 (in Vorbereitung)

**Jörg von Bannsberc-Freiheit
Wahrhaftige Anatomie eines
normalen Wahnsinnigen**
Band 6716

**Hans Bender
Parapsychologie –
ihre Ergebnisse und Probleme**
Band 6316

**Dirk Blasius
Der verwaltete Wahnsinn**
Eine Sozialgeschichte des
Irrenhauses
Band 6726

**Ernest Bornemann
Die Ur-Szene**
Das prägende Kindheitserlebnis
und seine Folgen
Band 6711

**Charles Brenner
Grundzüge der Psychoanalyse**
Band 6309

**Charlotte Bühler
Das Seelenleben des Jugendlichen**
Versuch einer Analyse und
Theorie der psychischen
Pubertät
Band 6303

**Werner Correll
Lernen und Verhalten**
Grundlagen der Optimierung
von Lernen und Lehren
Band 6146

**Klaus Dörner
Bürger und Irre**
Zur Sozialgeschichte und
Wissenschaftssoziologie der
Psychiatrie
Band 6282

**Hans-Jürgen Eysenck
Neurose ist heilbar**
Band 6713

**Fischer Lexikon
Psychologie**
Hrsg.: Peter R. Hofstätter
Band FL 6

**Reader zum Funk-Kolleg
Pädagogische Psychologie**
2 Bände: 6113, 6114

**Anna Freud/Thesi Bergmann
Kranke Kinder**
Ein psychoanalytischer Beitrag
zu ihrem Verständnis
Band 6363

**Haim G. Ginott
Gruppenpsychotherapie mit
Kindern**
Theorie und Praxis der Spieltherapie
Band 6707

**Hermann Glaser
Sigmund Freuds Zwanzigstes
Jahrhundert**
Seelenbilder einer Epoche
Band 6395

**Georg Groddeck
Das Buch vom Es**
Psychoanalytische Schriften an
eine Freundin
Band 6367

 Fischer Taschenbücher

Psychologie

Peter Groskurth/Walter Volpert
Lohnarbeitspsychologie
Berufliche Sozialisation:
Emanzipation zur Anpassung
Band 6288

Jolande Jacobi
Die Psychologie von C.G. Jung
Eine Einführung in das
Gesamtwerk. Mit einem
Geleitwort von C.G. Jung
Band 6365

Arthur Janov
Der Urschrei
Ein neuer Weg der
Psychotherapie
Band 6286
-Anatomie der Neurose
Die wissenschaftliche Grundlegung der Urschrei-Therapie
Band 6322
-Das befreite Kind
Grundsätze einer primärtherapeutischen Erziehung

Erna M. Johansen
Betrogene Kinder
Eine Sozialgeschichte der
Kindheit
Band 6622

C. G. Jung
Bewußtes und Unbewußtes
Beiträge zur Psychologie
Band 6058
-Über die Psychologie des Unbewußten
Band 6299
-Über die Grundlagen der Analytischen Psychologie
Die Tavistock Lectures 1935
Band 6302

Thomas Kiernan
Psychotherapie
Kritischer Führer durch Theorien
und Praktiken
Band 6374

Gilbert Kliman
Seelische Katastrophen und
Notfälle im Kindesalter
Band 6710

Theodore Lidz
Der gefährdete Mensch
Ursprung und Behandlung der
Schizophrenie
Band 6318

Margaret S. Mahler/Fred Pine/Anni Bergmann
Die psychische Geburt des Menschen
Symbiose und Individuation
Band 6731

Robert Ornstein
Die Psychologie des Bewußtseins
Band 6317

Nossrat Peseschkian
Psychotherapie des Alltagslebens
Training zur Partnerschaftserziehung und Selbsthilfe.
Mit 250 Fallbeispielen.
Band 1855
-Der Kaufmann und der Papagei
Orientalische Geschichten als
Medien in der Psychotherapie
Band 3300

 Fischer Taschenbücher

Psychologie

Jean Piaget/Bärbel Inhelder
Die Psychologie des Kindes
Band 6339

Hans-Werner Prahl
Prüfungsangst
Symtome, Formen, Ursachen
Band 6706

Psychoanalytische Grundbegriffe
Eine Einführung in
Sigmund Freuds Terminologie
und Theoriebildung
Hrsg.: Humberto Nagera
Band 6331

Mary Ann Pulaski
Piaget
Eine Einführung in seine
Theorien und sein Werk
Band 6370

Wilhelm Reich
Die sexuelle Revolution
Zur charakterlichen Selbststeuerung des Menschen
Band 6093
-**Die Entdeckung des Orgons II:**
Der Krebs
Band 6336

Thomas J. Scheff
Das Etikett „Geisteskrankheit"
Soziale Interaktion und
psychische Störung
Band 6719

Gitta Sereny
Ein Kind mordet -
Der Fall Mary Bell
Band 6721

Harry S. Sullivan
Das psychotherapeutische
Gespräch
Beitrag zur modernen Psychoanalyse und Psychotherapie

Stuart Sutherland
Die seelische Krise
Vom Zusammenbruch zur
Heilung
Band 6720

Thomas S. Szasz
Das Ritual der Drogen
Das „Drogenproblem" in neuer
Sicht: Sündenbock unserer
Gesellschaft
Band 6712
-**Recht, Freiheit und Psychiatrie**
Auf dem Weg zum
„therapeutischen Staat"?
Band 6722

Frank Wesley/Claire Wesley
Die Psychologie
der Geschlechter
Band 6728

Lew S. Wygotski
Denken und Sprechen
Band 6350

 Fischer Taschenbücher

Sigmund Freud

Analyse der Phobie eines fünfjährigen Knaben
Falldarstellung
»Der kleine Hans«
Band 6715

**Abriß der Psychoanalyse/
Das Unbehagen in der Kultur**
Band 6043

**Darstellungen der
Psychoanalyse**
Band 6016

**Drei Abhandlungen zur
Sexualtheorie und
verwandte Schriften**
Band 6044

**Das Ich und das Es und
andere metapsychologische
Schriften**
Band 6394

**Der Mann Moses und die
monotheistische Religion**
Band 6300

**Massenpsychologie und
Ich-Analyse/
Die Zukunft einer Illusion**
Band 6054

**Neue Folge der Vorlesungen
zur Einführung in die
Psychoanalyse**
Band 6390

»Selbstdarstellung«
Schriften zur Geschichte der
Psychoanalyse
Band 6096

Totem und Tabu
Band 6053

Die Traumdeutung
Band 6344

**Über Träume und
Traumdeutungen**
Band 6073

**Vorlesungen zur Einführung
in die Psychoanalyse**
Band 6348

**Der Wahn und die Träume in
W. Jensens »Gradiva«**
Band 6172

**Der Witz und seine Beziehung
zum Unbewußten**
Band 6083

**Zur Psychopathologie des
Alltagslebens**
Band 6079

**Sigmund Freud / Josef Breuer
Studien über Hysterie**
Band 6001

Fischer
Taschenbücher

Band 6395

„Das Buch ist ein Versuch, Freud und sein Denken
vor jenen zu retten, die aus der Psychoanalyse
ein anpassungsförderndes Sedativum machen wollen.
Er beharrt auf Freud, dem Revolutionär – ohne im
mindesten ihn zu verfälschen, ohne zu unterschlagen,
daß dieses Genie ebensowenig aus seiner Zeit hatte
austreten können wie sein älterer Konkurrent Marx…"

Frankfurter Rundschau

Fischer Taschenbücher

Funk-Kolleg

Beratung in der Erziehung
2 Bände 6346/6347
Hrsg.: R. Bastine/W. Hornstein/H. Junker/Ch. Wulf
Originalausgabe

Biologie
2 Bände 6291/6292
Systeme des Lebendigen
Hrsg.: Dietmar Todt u.a.
Originalausgabe

Erziehungswissenschaft
3 Bände 6106/6107/6108
Hrsg.: W. Klafki/G. M. Rückriem/W. Wolf/R. Freudenstein/H.-K. Beckmann/
K.-Ch. Lingelbach/G. Iben/
J. Diederich
Originalausgabe

Geschichte
2 Bände 6858/6859
Hrsg.: Werner Conze/
Karl Georg Faber/
August Nitschke
Originalausgabe

Literatur
Reader 1 und 2
2 Bände 6324/6325
Hrsg.: H. Brackert/
E. Lämmert/J. Stückrath
Originalausgabe

Literatur
2 Bände 6326/6327
Hrsg.: H. Brackert/E. Lämmert
Originalausgabe

Mathematik
2 Bände 6109/6110
Hrsg.: H. Heuser/
H. G. Tillmann
Originalausgabe

Musik
2 Bände 6851/6852
Hrsg.: Carl Dahlhaus unter
Mitwirkung von Hellmut Kühn,
Helga de la Motte-Haber und
Dieter Zimmerschied.
Redaktion Hanns-Werner
Heister.
Originalausgabe

Fischer Taschenbücher

Funk-Kolleg

**Pädagogische Psychologie
Reader 1 und 2**
2 Bände 6113/6114
Band 1: Entwicklung und
Sozialisation
Hrsg.: C. F. Graumann/
H. Heckhausen
Band 2: Lernen und
Instruktion
Hrsg.: M. Hofer/F. E. Weinert
Originalausgabe

Pädagogische Psychologie
2 Bände 6115/6116
Hrsg.: F. E. Weinert/
C. F. Graumann/H. Heckhausen/M. Hofer u. a.
Originalausgabe

**Praktische Philosophie/
Ethik
Reader 1 und 2**
2 Bände 6854/6855
Philosophie
und Einzelwissenschaften
Hrsg.: K. O. Apel/D. Böhler/
A. Berlich/O. Höffe/
G. Kadelbach/G. Plumpe
Originalausgabe

Sozialer Wandel
2 Bände 6117/6118
Hrsg.: T. Hanf/M. Hättich/
W. Hilligen/R. E. Vente/
H. Zwiefelhofer
Originalausgabe

Soziologie
Band 6105
Hrsg.: Walter Ruegg
Originalausgabe

Sprache
2 Bände 6111/6112
Einführung in die moderne
Linguistik
Wissenschaftliche
Koordination:
K. Baumgärtner/H. Steger
Originalausgabe

**Umwelt und Gesundheit
Aspekte einer sozialen
Medizin**
2 Bände 6860/6861
Hrsg.: Hans Schaefer
Originalausgabe
in Vorbereitung

Volkswirtschaftslehre
Band 6101
Hrsg.: Karl Häuser
Originalausgabe

Fischer Taschenbücher